KB265896

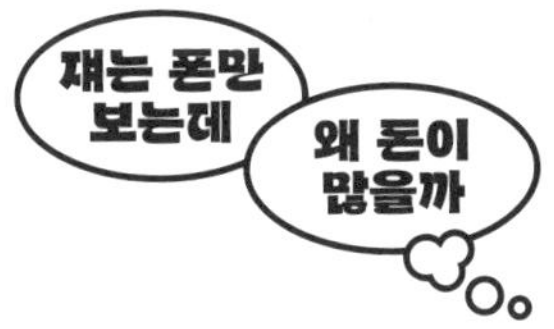
쟤는 폰만 보는데
왜 돈이 많을까

쟤는 폰만 보는데
왜 돈이 많을까
갓생 없이도
릴스로 돈버는
실전 노하우
긍정필터 지음
모티브

퇴사는 무섭지만,
평생 이렇게 살기는 더 싫어서

나는 한때 '열심히 사는 사람'이었다.
아니, 정확히 말하면 '열심히만 사는 사람'이었다.

특출하게 잘하는 것 하나 없었기에 더 성실히 살았다. 부모님처럼 묵묵히 버티고, 맡은 일은 끝까지 해내고, 월급은 아껴 쓰는 게 당연하다고 믿었다. 그게 어른의 방식이라고 생각했다. 그런데 선택 하나가 어긋나자, 난생처음 빚이 생겨버렸다.

3,000만 원.

원래부터 집안 형편이 넉넉하진 않았다. 그래도 부모님은 "너만큼은 돈 걱정 없이 살게 해주겠다”는 마음으로 늘 버텨주셨다. 내가 20대까지 돈을 크게 의식하지 않고 살 수 있었던 건 그 덕분이었다. 그러다 30대 초반에 들어서며 환경이 급격히 바뀌는 문제가 생겼다. 집안 경제 상황이 급격히 흔들렸고, 처음으로 ‘경제적인 불안’이 내 일상이 됐다. 그때부터 내 머릿속에는 같은 질문이 계속 맴돌았다.

‘회사 월급 말고도 돈 벌 방법이 없을까?’

이상하게도, 진지하게 답을 찾진 않았다. 뭘 해야 할지 막막했고, 고민만 하다 시간이 흘러갔다. 돌이켜보면 그때의 나는 회사 생활에 어느 정도 적응해 있었다. 월급이 들어오니까, ‘필사적으로’ 다른 길을 찾을 만큼 절박하진 않았던 것 같다.

그래서 나는 ‘더’ 회사에 올인했다. 늦게 취업한 만큼 불안했고, 그 불안을 성실함으로 눌렀다. 회사에서 인정받고 빨리 승진

하는 게 가장 효율적인 인생이라고 믿었다. 야근은 기본이었고, 굳이 안 나가도 되는 주말 당직도 자처했다. 퇴근 후에는 또 다른 갓생을 살았다. 독서 모임, 운동, 강연, 직장인 네트워킹 모임 등. 사람들은 나를 보고 "진짜 열심히 산다"고 말했다. 나도 그 말을 믿었다. 그러다 친했던 대학 언니에게서 한마디를 들었다.

"자기계발하면서 돈도 벌 수 있는데.."

그때의 나에겐 그 말이 구원처럼 들렸다. 어차피 하던 자기계발이라면, 돈까지 벌 수 있다니. 내가 돈 내고 배우던 시간이 '수익'으로 바뀐다는 말처럼 들렸다. 그래서 강의를 들었다. 결론부터 말하면, 강의가 아니라 다단계였다.

문제는 내가 그 사실을 비교적 빠르게 알아차리고도 빠져나오지 못했다는 점이다. 언니와 관계가 틀어지기 싫었다. "이건 팀이야, 같이 가는 거야" 같은 말이 이상하게 마음을 묶었다. 그리고 '할당량'이라는 이름으로 제품을 사기 시작했다.

월 80~90만 원으로 아껴 살던 내가, 어느 달엔 상품 구입에만 400만 원을 썼다. 지금 생각하면 돈 무서운 줄 모르고 왜 그랬나 싶다. 돈이 빠져나가는 구조라는 걸 알면서도, 관계와 체면이 발목을 잡았다. 그러다 난생처음 리볼빙을 쓰고, 마이너스 통장까지 뚫었다.

어느새 통장에 찍힌 숫자 -3,000만 원. 월급으로도 감당이 안 되는 지점까지 가서야 정신이 번쩍 들었다. 그때 처음 알았다. 사람을 무너뜨리는 건 일이 많아서가 아니라, 돈의 구조를 모른 채 버티는 삶이라는 걸. 돈이 이렇게 무서울 수 있다는 걸, 그제야 실감했다.

'이제 진짜 월급만으로는 안 되는 상황이 와버렸다.'

로또를 기다리는 삶 vs 내가 바꾸는 삶

회사 다니던 시절, 아직도 잊히지 않는 장면이 있다. 상사가 매주 로또를 사면서 늘 같은 말을 했다.

"다음 주엔 나 여기 없을 수도 있다.
당첨되면 바로 사표 낼 거다. 잘들 지내라."

말은 농담처럼 했지만, 그 말 속에는 묘한 진심이 섞여 있었다. 처음엔 다 같이 웃었다. 그런데 이상하게 그 말이 오래 남았다. 어느 순간 이런 생각이 스쳤다.

'저게 내 미래면 어떡하지?'

월요일을 버티고, 금요일을 기다리고, 월급날을 버티고, 다음 월급날을 기다리는 삶. 그 사이에 남는 건 피로와 체념뿐이었다. 빚은 점점 쌓이고 있었고, 출구는 보이지 않았다. 회사 선배들의 무기력한 얼굴은 이상하게도 내 10년 후 모습처럼 느껴졌다. 그게 내 30대 초반의 풍경이었다.

하지만 내가 가장 크게 무너진 순간은 그렇게 거창한 장면이 아니었다. 쉬는 날, 카페에 앉아 조각 케이크 하나를 앞에 두고 가

격표를 한참 바라보던 순간이었다. 사실 그 시간은 내가 좋아하던 소소한 루틴이었다. 카페에 가서 조각 케이크 하나를 시키고, 커피를 마시며 책을 읽는 시간. 일주일을 버틴 나에게 주는 작은 보상이었다. 그런데 이제는 상황이 달라졌다.

'지금 연체된 카드 값이 있는데.. 이것도 사치지…'

고작 케이크 하나였다. 그런데 그 앞에서 몇 분이나 머릿속으로 계산기를 두드리는 내 모습이 그날따라 유난히 작아 보였다. 그때 문득 이런 생각이 들었다.

'이제 내 인생은 이런 작은 행복도
마음 편히 누릴 수 없는 걸까?'

서른이 넘었는데, 잘못된 선택 하나로 여전히 이런 고민을 하고 있다는 사실이 참 서글펐다. 그때 처음으로 인정했다. 나는 열심히 살았지만, 똑똑하게 살고 있지는 않았다는 걸. 그 순간부터 내 인생의 질문이 바뀌었다.

"어떻게 더 열심히 살까?"가 아니라
"지금 내 주변 구조를 어떻게 바꿀까?"로.

미라클 모닝 하다가 골병들 뻔했습니다

빚을 지고 나서도 나는 한동안 같은 방식으로 문제를 풀려고
했다. 더 성실해지면 된다고. 더 빡세게 살면 된다고. 그때 미라클
모닝, 독서 모임 등이 한창 유행이었다. 주변 동료 중에 새벽 5시에
일어나 인강 듣고, 루틴 돌리는 사람이 있었다.

'아, 저게 갓생이지.'

나도 따라 했다. 새벽 PT, 퇴근 후 전시회, 독서 모임 등 자기계
발 하기. 겉으로 보면 진짜 괜찮은 삶이었다. 뭔가 성장하고 있는

사람처럼 보였다. 그런데 지금 돌아보면 그때의 나는, 방향도 모르면서 엑셀만 밟고 있었다. 열심히는 했지만, 어디로 가는지는 몰랐다.

정작 내 삶을 무너뜨린 핵심 문제인 돈의 구조, 선택의 기준, 수익화 방법은 단 한 번도 제대로 고민하지 않았다. 새벽 5시에 일어나는 건 나쁜 게 아니다. 독서 모임이 나쁜 것도 아니다. 문제는 '그걸 왜 하는지' 모르고 유행이라서 따라 하는 태도다.

나는 성실함으로 불안을 덮고 있었다. 바빠 보이는 삶으로 안심하려 했다. 하지만 바쁨은 방향이 아니다. 나에게 필요한 건 더 일찍 일어나는 게 아니었다. 나에게 필요한 건 미라클 모닝이 아니라, 내 인생의 현금 흐름을 바꾸는 방법이었다. 열심히 사는 법이 아니라, 제대로 버는 법이 필요했다.

나는 성실한 거지보다 게으른 부자가 체질이더라

이 문장을 오해 없이 읽어줬으면 한다. 나는 노동을 무시하는 사람이 아니다. 누구보다 성실하게 버텨본 사람으로서 말한다. 내가 거부하는 건 노동 자체가 아니라 비효율적인 노동이다. 몸은 갈리는데 결과가 안 쌓이는 노력. 매번 처음부터 다시 시작해야 하는 방식의 성실함. 그걸 이제는 하지 않겠다는 선언이다.

나는 여전히 성실하다. 다만 예전처럼 무식하게 성실하지 않을 뿐이다. 몸으로만 버는 사람보다 구조로 버는 사람이 오래 간다. 한 번 하고 끝나는 노동보다 쌓이는 노동이 강하다. 의지로 버티는 사람보다 판을 깔아놓은 사람이 이긴다.

게으르고 싶다는 마음은 부끄러운 욕망이 아니다. 오히려 시스템을 만드는 가장 강력한 출발점이다. 반복하기 싫으니까 방법을 찾고, 매번 힘들기 싫으니까 구조를 만든다. 나 역시 그랬다. 성실함은 출발점이고, 효율은 가속 페달이며, 구조는 목적지까지 데려다주는 시스템이다.

스마트폰 하나로 이젠 월급보다 더 법니다

웃긴 얘기지만, 나는 한때 "SNS 할 시간에 차라리 갓생 살겠다"는 사람이었다. 인스타, 틱톡 같은 플랫폼은 남들 자랑이나 올리는 가볍고 피상적인 세계라고 생각했고, 괜히 시간만 잡아먹는 곳이라고 여겼다. 심지어 인스타그램을 안 하는 게 더 성실한 삶처럼 느껴지는 이상한 자부심마저 있었다.

그런데 내가 현실을 몰랐을 뿐이었다. 내가 안 본다고 세상이 안 돌아가는 건 아니었다. 인스타 안에서는 이미 많은 사람들이 돈을 벌고 있었다. 나는 이런 세계가 있다는 걸 전혀 몰랐다. 점심 시간에 직장동료가 이런 말을 했다.

"요즘 온라인으로 돈 버는 사람들 꽤 많대."

처음엔 흘려들었다. 그때까지만 해도 인스타는 나와 상관없는 세계라고 생각했으니까. -3,000만 원의 빚이 생기고 나서 플러스 인생은 기대도 안했다. 어떻게 다시 마이너스를 메꾸고 0원으로 돌아갈 것인가 그것만 생각했다. 월급은 이미 정해져 있었고, 빚은 기다려주지 않았다. 그래서 나에게 조건이 하나 생겼다. 돈이 없어도 시작할 수 있어야 한다.

- 투자금이 거의 들지 않을 것
- 소자본으로 바로 시작할 수 있을 것
- 실패해도 다시 일어설 수 있을 것

몇 주 뒤에 취업 시절 알고 지내던 한 지인이 또 이런 말을 했다.

"요즘 사람들 인스타해서 월급보다 더 많이 번다던데?"

지금 돌이켜보면 참 아이러니하다. 돈을 잃게 된 계기도 주변 사람이었고, 다시 돈을 벌 수 있게 귀띔해준 것도 결국 주변 사람이었다. 처음엔 반신반의했다. 하지만 그때의 나에게는 선택지가 많지 않았다. 돈이 없으니 오히려 기준은 단순했다.

지금 당장 시작할 수 있는가.

결국 그 이상한 자부심을 내려놓고 2022년 8월, 인스타그램 어플을 깔았다. 닉네임 정하는 데만 반나절. 가입 과정도 버벅거렸다. 계정도 괜히 여러 개 만들었다가 지웠다. 지금 생각하면 웃기지만 그때의 나는 왕초보 중 왕초보였다. 하지만 그 어설픈 시

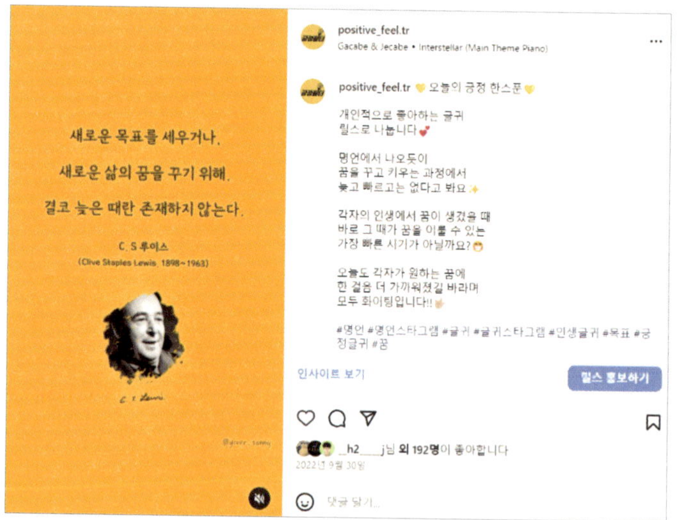

5시간 걸려서 만든 첫 릴스

작이 내 인생의 방향을 바꾸게 될 줄은 그때는 전혀 몰랐다.

얼마나 왕초보였냐면 인생 첫 릴스를 PPT로 만들었다. 편집도 몰라서 슬라이드로 만들고, 화면 녹화하고, 자막 얹고, 하나 만드는 데 5시간이 걸렸다. 그게 나의 시작이었다. 대단한 준비도 없었다. 그냥 퇴근 후, 스마트폰 하나. 그런데 그 시작이 내 인생의 방향을 바꿨다.

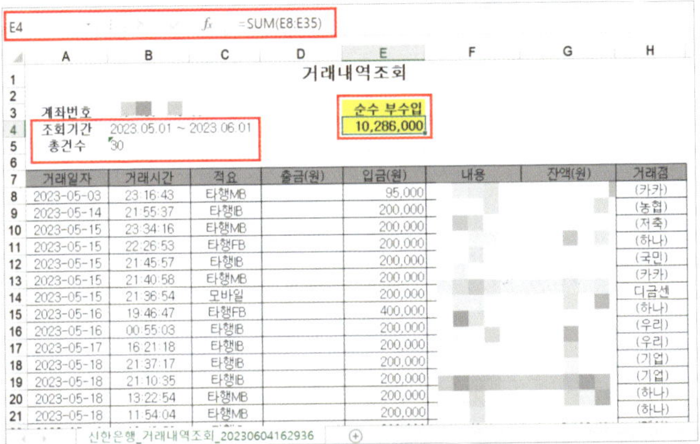

E4			f_x	=SUM(E8:E35)			

	A	B	C	D	E	F	G	H
1					거래내역조회			
2								
3	계좌번호				순수 부수입			
4	조회기간	2023.05.01 ~ 2023.06.01			10,286,000			
5	총건수	30						
6								
7	거래일자	거래시간	적요	출금(원)	입금(원)	내용	잔액(원)	거래점
8	2023-05-03	23:16:43	타행MB		95,000			(카카)
9	2023-05-14	21:55:37	타행IB		200,000			(농협)
10	2023-05-15	23:34:16	타행MB		200,000			(저축)
11	2023-05-15	22:26:53	타행FB		200,000			(하나)
12	2023-05-15	21:45:57	타행IB		200,000			(국민)
13	2023-05-15	21:40:58	타행MB		200,000			(카카)
14	2023-05-15	21:36:54	모바일		200,000			디금세
15	2023-05-16	19:46:47	타행FB		400,000			(하나)
16	2023-05-16	00:55:03	타행IB		200,000			(우리)
17	2023-05-17	16:21:18	타행IB		200,000			(우리)
18	2023-05-18	21:37:17	타행IB		200,000			(기업)
19	2023-05-18	21:10:35	타행IB		200,000			(기업)
20	2023-05-18	13:22:54	타행MB		200,000			(하나)
21	2023-05-18	11:54:04	타행MB		200,000			(하나)

신한은행_거래내역조회_20230604162936

(위)월급 이외에 수익화 1,000만 원 인증
(아래)외부 / 대학 강연

17일 만에 팔로워 1만 명. 인스타 시작 5개월 만에 순수익 450만 원. 1,000만 원 수익화 달성 후 대학 강연, 지금은 인스타그램 통합 10만 팔로워. '월급 이외에 100만 원만 더 벌었으면 좋겠다'로 시작한 일이 어느 순간 임원 연봉급 흐름이 되었다.

도합 인스타 10만 팔로워

돌이켜보면, 특별한 재능이 있어서가 아니다. 특별한 감각이 있어서도 아니다. 나는 단지 한 가지를 했다. 돈이 몰리는 곳에 들어갔다. 거창한 장비는 필요 없었다. 스튜디오도 필요 없었다. 퇴근 후, 스마트폰 하나면 충분했다.

세상을 넓게 보지 않으면, 내가 외면한 시장이 결국 나를 외면

한다. 트렌드를 무시하지 마라. 특히 돈이 움직이는 트렌드를. 성실함은 미덕이지만, 방향 없는 성실함은 제자리걸음이다. 나는 그걸 늦게 배웠다. 그래서 지금은 이렇게 말한다.

갓생보다 중요한 건, 돈이 흐르는 곳에 서 있는 것이다.

이 책은 '갓생'이 아니라 '돈생'에 관한 이야기다

이 책은 "새벽 5시에 일어나세요"라고 말하지 않는다. "독서 모임은 요즘 기본입니다"라고도 하지 않는다. 의지를 쥐어짜서 며칠 반짝 타오르는 방식, 나는 그 한계를 누구보다 잘 안다. 불타오르다 꺼지고, 또 자책하고, 다시 결심하는 그 반복. 문제는 의지가 아니라 지속되지 않는 구조에 있다.

그렇다고 게으름을 찬양하는 책도 아니다. 오히려 반대다. 불필요한 에너지를 줄이고, 돈이 들어오는 방향으로 힘을 쓰는 법에 대한 이야기다. 갓생이 "열심히 사는 법"이라면, 돈생은 "돈이 생기는 방식으로 사는 법"이다. 평범한 직장인이 퇴사하지 않고도, 스마트폰 하나로, 릴스를 통해 월급 외 수익 구조를 만드는 방법 말이다. 더 중요한 건 이 모든 과정을 버티는 게 아니라, 지속 가능하게 운영하는 법이다.

당신이 지금까지 결과가 없었던 건, 열심히 살지 않아서가 아닐 수 있다. 어쩌면 당신은 이미 충분히 성실했을지도 모른다. 다만 방향이 수익으로 연결되지 않았을 뿐이다. 이제 바꿔야 할 건 결심의 크기가 아니라 구조다. 의지는 오래 못 간다. 구조는 오래 간다. 결국 끝까지 남는 사람이 번다.

그래서 이 책은 "읽고 끝나는 책"이 아니라, "읽자마자 써먹는 책"으로 만들었다. 본문 곳곳에 30만 원 상당의 [돈버는 실전 자료 5종]을 선물처럼 숨겨놨다. 단순한 부록이 아니다. 내가 실제로 쓰고, 실제로 효과 봤고, 실제로 돈으로 연결했던 것들만 골라 넣었다.

한마디로, 이 책 한 권이면 된다. 콘텐츠 방향 잡는 것부터 어떻게 릴스를 만들고, 터뜨리고, 돈이 들어오게 만드는 데 필요한 자료들을 한 번에 모아놨다.

30만 원 상당 **돈버는 실전 자료 5종** 

#1. 조회수 터지는 알고리즘 세팅법

#2. 릴스 편집 '기본 세팅' 튜토리얼 영상

#3. 조용히 돈 버는 자동화 세팅 튜토리얼 영상

#4. 릴스로 200만 원 버는 숏폼 대행 비법서

#5. 왕초보 시절 내가 어떻게 시작했는지 그대로 담은 릴스 시크릿 노트까지!

이 책 내용과 릴스 수익화 실전 자료 5종 세트를 제대로 흡수하면, 책을 다 덮을 때쯤엔 "나도 이제 콘텐츠로 돈이 흐르게 만들 수 있겠다"는 감이 잡히게 되어 있다. 갓생이 아니라 돈생. 그걸 진짜로 가능하도록 탄탄하게 구성했다.

돈버는 실전 자료 #1 **릴스 시크릿 노트**

온라인 세상에 처음 뛰어들었을 때의 나는 진짜 왕초보였다. 콘텐츠를 뭘 올려야 하는지부터, 릴스는 어떻게 만드는지까지 전부 막막했다. 그래서 이 책을 읽고 "그때는 대체 어떻게 시작했지?"가 더 궁금해진 사람들은 상단 QR코드 찍고 전자책부터 보면 된다. 왕초보 시절 내가 어떤 방식으로 콘텐츠를 만들고, 어떤 기준으로 주제를 잡았는지 그대로 정리해놨다.

그럼 이제 본격적으로, 릴스 콘텐츠로 돈생 사는 비법을 알려주는 **PART 1**로 넘어가자.

CONTENTS

PART 1

'갓생' 대신 '돈생'을 선택한 이유

PART 4

의지 없는 사람도
돈 벌 수 있는 '지속 시스템'

PART 1

'갓생' 대신
'돈생'을
선택한 이유

왜 나는
매번 결심만 하고
무너질까?

"이번엔 진짜다."

이 말을 나도 수없이 했다. 매주 했고, 퇴사 충동이 올라오는 날마다 했고, 카드값 빠져나가는 문자를 본 날마다 했다.

이번엔 진짜 아침 일찍 일어나서 공부해야지.
이번엔 진짜 나도 바뀌어야지.

그런데 이상하게 늘 비슷한 결말로 끝났다. 며칠은 불타오르다가, 다시 원래 생활로 돌아갔다. 그러면 사람은 결국 자기 자신을 의심하기 시작한다.

"나는 의지박약인가?"

"나는 원래 꾸준함이 안 되는 사람인가?"

"성공하는 사람들은 원래 체력이 좋고 독한 사람들인가?"

집에 쌓여있는 책들

나도 그렇게 생각했다. 꽤 오래. 특히 빚 3,000만 원을 떠안고 나서부터는 더 그랬다. 성실하게 살아왔는데 결과가 이렇게 나와 버리니, 나는 더 독해져야 한다고 믿었다. 더 참아야 하고, 더 버텨야 하고, 더 열심히 해야 한다고 생각했다. 프롤로그에서 말한 것처럼 새벽 루틴, 자기계발, 독서모임 같은 '갓생의 모양'을 더 열심히 붙잡으려고 했다. 그런데 삶은 생각보다 냉정했다. 의지를 더 쥐어짠다고 해서, 구조가 바뀌지는 않았다.

포기를 잘하는 게 아니었다. 방식이 잘못됐을 뿐

여기서 꼭 말하고 싶은 게 있다. 당신은 포기를 잘하는 사람이 아닐 수도 있다. 오히려 반대로, 고장 난 방식으로 오래 버틴 사람일 가능성이 높다. 많은 사람들이 꾸준함을 개인의 성격 문제로만 본다. 의지가 강하면 꾸준하고, 약하면 포기한다고. 그런데 내가 직접 겪어보니 꾸준함은 성격보다 설계의 문제에 가깝다.

퇴근 후 완전히 지친 상태에서 "오늘부터 매일 2시간 콘텐츠 작업"을 결심하는 건 의지가 약해서 실패하는 게 아니다. 애초에 직장인의 에너지 현실을 무시한 계획이라서 실패하는 거다.

영상 편집 경험이 전무한데 "첫 영상부터 완벽한 릴스를 만들겠다"는 결심도 마찬가지다. 의지가 부족해서가 아니라, 처음 하는 사람에게 너무 어려운 목표를 잡았기 때문에 무너지는 거다. 나는 이걸 깨닫는 데 너무 오래 걸렸다. 내가 부족한 줄 알았는데, 부족한 건 내가 아니라 방법이었다.

의지로 버티는 사람의 공통점

예전의 나는 늘 이런 패턴이었다.

- 목표를 일단 잡는다
- 완벽한 타이밍을 기다린다
- 계획표로 예쁘게 정리한다
- 며칠 하다 지친다
- 자책한다
- 다시 새로운 계획을 세운다

이건 성장의 루틴이 아니라, 자책 루틴이다. 특히 성실한 사람일수록 이 루프에 잘 빠진다. 왜냐하면 성실한 사람은 "더 하면 된다"는 믿음이 강하기 때문이다. 나도 그랬다. 성실함은 내 장점이었지만, 방향이 틀렸을 때는 오히려 나를 더 깊이 끌고 들어가는 구렁텅이가 되기도 했다.

빚이 생기고, 불안이 커지고, 삶이 흔들릴수록 나는 더 열심히 해야 한다고 생각했다. 그런데 지금 돌아보면 그 시기에 내게 필요했던 건 더 강한 결심이 아니라 이런 질문이었다.

- 내가 지금 하려는 방식이 지속 가능한가?
- 지금 목표가 내 현재 체력과 시간에 맞는가?
- 내가 하려는 행동이 결과로 이어지는 구조를 갖고 있는가?

그 질문을 하지 않으면, 사람은 계속 결심만 하게 된다. 결심은 많이 하는데 결과는 안 나는 상태. 열심히 사는데 통장은 그대로인 상태. 하루가 꽉 찼는데 내 미래는 안 바뀌는 상태. 이게 제일 괴롭다.

내 인생을 바꾼 질문 한줄!

나는 어느 순간부터 질문을 바꿨다. "어떻게 더 열심히 하지?"가 아니라 "어떻게 덜 지치고도 계속할 수 있지?"라고. 이 질문이 진짜 중요하다. 왜냐하면 직장인 N잡에서 승부를 가르는 건 한 번의 폭발적인 의지가 아니라, 안 끊기는 실행 흐름이기 때문이다.

콘텐츠는 결국 쌓이는 게임이다. 하루에 10시간 불태우는 사람보다, 하루 30분이라도 100일 가는 사람이 이긴다. 문제는 많은 사람들이 100일 가는 구조를 만들기 전에, 3일짜리 각오부터 만든다는 거다.

나도 그랬다. 처음에는 인스타를 시작하면서도 "제대로 해야지", "멋지게 해야지", "빨리 성과 내야지"라는 마음이 컸다. 그런데 영상 경험도 없고, 인스타 앱도 없던 '온라인 할머니'가 처음부터 그걸 할 수 있을 리가 없었다. 결국 내가 살 길은 하나였다.

작게 시작하고, 쉽게 반복하고, 계속 수정하는 것.

그때부터 나는 '노력형 성공'보다 '요령형 성공'이라는 표현을 좋아하게 됐다. 여기서 요령은 꼼수가 아니다. 덜 힘들게 오래 가는 구조를 만드는 능력이다.

성공은 독한 사람이 아니라, 판을 깐 사람이 가져간다

많은 사람들이 성공한 사람을 보면 "저 사람은 원래 독해" 라고 말한다. 하지만 내가 실제로 경험한 건 달랐다. 잘되는 사람들은 독해서 계속하는 게 아니라, 계속할 수 있게 판을 깔아놔서 계속한다. 사람들은 하루 종일 불타는 의지로 움직이지 않는다. 대신 반복 가능한 시스템으로 움직인다.

그래서 나는 이제 누가 "꾸준함의 비결이 뭐예요?" 라고 물으면, 예전처럼 "마음가짐이 중요해요" 같은 말부터 하지 않는다. 물

론 마음가짐도 중요하다. 그런데 그보다 먼저 말해야 할 건 이거
다. 마음가짐만으로는 오래 못 간다. 구조가 있어야 오래 간다.

의지는 점점 줄어든다. 체력은 매일 다르다. 회사에서 깨지고
오는 날도 있다. 그런데도 계속 가려면, 기분 따라 움직이는 방식
이 아니라 기계처럼 굴러가는 최소 루틴이 필요하다.

'나는 원래 꾸준한 사람이 아니다'라는 착각

내가 만나본 사람들 중에 스스로를 가장 많이 오해하는 유형
이 있다. 바로 이런 사람들이다.

"저는 원래 꾸준함이 없어요."
"저는 미루는 습관이 심해요."
"저는 시작은 잘하는데 끝을 못 봐요."

그런데 막상 보면, 다 꾸준한 게 있다.

- 출근은 꾸준히 한다
- 회사 일 마감은 꾸준히 맞춘다
- 남이 시킨 일은 꾸준히 해낸다

- 좋아하는 드라마는 꾸준히 본다
- 불안한 생각은 꾸준히 한다

꾸준함이 없는 게 아니다. 꾸준함이 작동하는 조건이 다를 뿐이다. 회사에서는 왜 꾸준할까? 시간이 정해져 있고, 해야 할 일이 명확하고, 안 하면 티가 나고, 보상이 연결되기 때문이다.

반대로 개인 프로젝트는 왜 무너질까? 시간이 비어 있고, 목표가 막연하고, 기준이 불분명하고, 당장 보상이 없기 때문이다. 그러니까 답은 "더 독해지기"가 아니라, 내 개인 프로젝트를 회사 일처럼 만드는 것이다.

- 시간 정하기
- 할 일 쪼개기
- 시작 조건 고정하기
- 끝 기준 정하기
- 결과 확인하기

이렇게 바꾸면, 꾸준함은 의지가 아니라 시스템으로 나온다.

나를 움직이게 한 건 거창한 결심이 아니라
작은 시스템이었다

나는 빚을 빨리 갚고 싶었다. 빨리 남들처럼 평범하게 살고 싶었다. 그래서 월급 밖 수입이 절실했다. 그래서 처음엔 또 조급했다. 당연하다. 매달 카드값이 기다리는데 누가 여유롭겠나. 그런데 아이러니하게도, 내 흐름이 바뀐 건 조급함이 극대화됐을 때가 아니라 기준을 낮췄을 때였다.

"매일 완벽한 콘텐츠 1개"가 아니라
→ "매일 뭐라도 하나 올릴 수 있는 상태" 만들기

"콘텐츠 전문가 되기"가 아니라
→ "오늘 릴스 1개" 만들어 보기

이렇게 목표를 낮췄다. 이상하게도 실행이 됐다. 실행이 되니까 데이터가 쌓이고 감이 생겼다. 감이 생기니까 속도가 붙었다. 속도가 붙으니까 결과가 났다. 많은 사람들이 사람들은 보통 결과가 나와야 동기부여가 생긴다고 생각한다. 물론 맞는 말이다. 그런데 그 첫 결과는 거창하지 않다.

• 릴스 하나 올린 것

이런 작은 결과들이 사람을 행동하게 만든다. 작은 결과는 큰 결심이 아니라 작은 실행에서 나온다. 당신에게 필요한 건 '더 센 의지'가 아니다. 혹시 지금도 이런 생각을 하고 있다면, 이 문장을 꼭 기억했으면 좋겠다.

"나는 의지박약이라 안 되는 게 아니라, 내 현실에 안 맞는 방법으로 하려고 해서 자꾸 무너졌던 거구나."

이 깨달음 하나만 있어도 사람이 자책이 줄어든다. 자책이 줄어들면 실행력이 좋아지고 자신감이 생긴다. 자신감이 생기면 또 실행한다. 이게 성장의 선순환이다.

반대로 자책부터 시작하면, 이 루프에 갇힌다. [결심 → 실패 → 자책 → 포기] 무한반복. 지금 혹시라도 이 상태라면 얼른 빠져나왔으면 좋겠다. 나도 그 시간을 너무 오래 보냈기 때문이다. 열심히 사는 법은 이미 알고 있다. 이제 필요한 건 더 버티는 법이 아니라 더 남기는 법이다. 무너질 수밖에 없는 방식의 결심이 아니라, 무너져도 다시 돌아올 수 있는 구조를 만드는 일이다.

내가 인스타그램으로 먹고 살게 될 줄은, 정말 한 번도 상상해 본 적이 없다. 오히려 반대였다. 예전의 나는 "인스타가 밥 먹여주냐?"라는 말을 너무 쉽게 하던 사람이었다. 나름 MZ 끝자락 30대 직장인이었지만, 내 폰에 인스타그램 앱조차 없었고, SNS는 그저 과시를 위한 플랫폼이라고 생각했다. 내 삶과는 전혀 상관없는 세계라고 믿었던 것이다.

그런데 사람 인생이 재밌는 게, 내가 제일 업신여기던 세계가 나를 살리는 일이 생긴다. 나는 2022년 8월에 처음 인스타를 시작했고, 영상 콘텐츠 제작 경험도 없던 상태에서 릴스를 올리기 시작했다. 그 출발점에서 지금의 결과를 예상한 사람은 아마 나 포함 아무도 없었을 것이다.

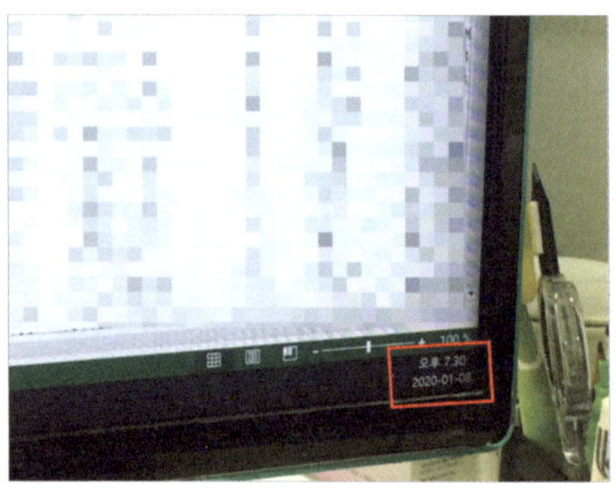

출퇴근하던 직장인 시절

회사에서의 나는 솔직히 말하면 '야망 있는 캐릭터'는 아니었다. 맡은 일은 성실히 하는데, 조직 안에서의 속도와 보상 구조를 보고 있으면 가끔 숨이 턱 막혔다. 프롤로그에서 말했듯, 회사 6개월차부터 "이대로 오래 버티면 나는 어디로 가는 걸까"라는 질문이 생겼고, 상사가 매주 로또를 사며 자조적으로 던지던 농담이 이상하게 마음에 오래 남았다. 그때의 나는 회사가 싫다기 보다, 회사만으로는 내 삶의 불안을 해결할 수 없겠다는 감각이 더 커졌다.

특히 빚을 갚아야 할 현실과 맞닥뜨린 이후 더 그랬다. 월급은

들어오자마자 빠져나갈 곳이 정해져 있었고, 마음은 늘 쫓겼다. 회사에서 하루를 버티는 것도 힘들었는데, 퇴근 후에는 내가 내 인생을 바꿀 수 있는 무언가를 해야 한다는 압박까지 있었다. 그 시기의 나는 진짜로 '살기 위해 방법을 찾아야 하는 사람'이었다.

퇴근 후 나는 다른 사람이 되었다

퇴근 후 집에 오면 나는 더 이상 회사에서의 이름으로만 존재하지 않았다. '긍정필터'라는 이름으로 콘텐츠를 기획하고, 릴스를 만들고, 올리고, 반응을 확인하고, 다시 고치는 사람이 되었다. 처음엔 너무 어설펐다. 인스타그램 앱도 처음 설치한 사람이니 당연했다. 그래도 이상하게 재밌었다.

왜냐하면 회사에서는 내가 정해진 역할 안에서 움직였다면, 인스타에서는 내가 직접 판을 깔고 움직였기 때문이다. 같은 사람인데도 감각이 완전히 달랐다. 회사에서는 "시킨 일 잘하는 사람"이었다면, 인스타에서는 "내가 만든 것으로 반응을 만드는 사람"이 되었다. 이 차이가 생각보다 컸다.

많은 사람들이 부캐를 단순히 재미 요소로 생각하지만, 직장인에게 부캐는 그 이상의 의미가 있다. 부캐는 현실 도피가 아니라, 자존감의 복구 장치가 될 수 있다. 회사에서 일이 꼬이는 날, 내 영향력이 작게 느껴지는 날, 상사의 한마디에 괜히 하루 종일 기분이 가라앉는 날이 있다. 예전의 나는 그런 날이면 그냥 침대에 누워서 끝났다. 그런데 인스타를 시작하고 나서는 달랐다.

회사에서 조금 깨지고 와도, 내 계정에 들어가면 내가 만든 기록이 있었다. 내가 쓴 문장, 내가 만든 영상, 누군가의 저장, 누군가의 댓글, "도움 됐어요"라는 DM. 그게 말 그대로 나를 다시 일으켜 줬다. 회사에서의 평가와 별개로, 내가 내 힘으로 만든 무언가가 있다는 사실이 사람을 얼마나 단단하게 만드는지 그때 처음 알았다.

회사에만 내 삶을 올인하지 않게 됐다

'100만 원만 더 벌었으면 좋겠다.'

처음엔 그 정도였다. 퇴근 후 퍼스널 브랜딩에 시간을 쓰고, 릴스를 올리고, 계정을 운영했다. 그랬을 뿐이다. 그런데 흐름은 생각보다 크게 움직였다. 수익은 월급을 넘어섰고, 대학과 단체에서 인스타 수익화 강연 요청이 들어오기 시작했다. '긍정필터'라는 이름이 검색되고, 브랜드처럼 불리는 경험까지 하게 됐다. 지금은 두

첫 대학 강연한 날

개 계정을 운영하며 10만 팔로워와 함께 하고 있다.

여기서 내가 하고 싶은 말은 "나 대단하지?"가 아니다. 오히려 정반대다. 나는 원래 인스타를 잘하기는 커녕, 인스타그램 앱도 없던 직장인이었다. 계정 가입부터 헤맸고, 첫 릴스는 PPT로 만들던 사람이었다.

그래서 이 이야기가 중요하다. 특별한 재능의 사례가 아니라, 평범한 직장인의 사례이기 때문이다. 누군가에겐 이게 더 현실적인 희망이 된다. "저 사람은 원래 잘했겠지"가 아니라, "저 사람도 나랑 비슷했네"라는 자신감이 생기기 때문이다.

물론 '회사에선 만년사원, 인스타에선 월천대사'라는 말이 회사 생활을 무시하자는 뜻은 아니다. 나는 오히려 회사 덕분에 버틸 수 있었다고 생각한다. 회사는 내 생활을 책임져 주는 현금망이었다. 그래서 조회수가 안 나와도, 수익이 늦게 나와도, 당장 생존이 흔들리진 않았다.

하지만 분명히 달라진 지점이 있다. 회사가 내 전부였을 때보다, 회사 밖에 내 판이 생겼을 때 삶은 훨씬 안정됐다. 돈 때문만이 아니다. 선택권 때문이다. 회사에서 힘든 일이 있어도 삶 전체가 같이 무너지지 않았다. 인사평가 한 줄에 내 미래 전부를 맡기지 않아도 됐다.

월급이 전부일 때는 상사의 한마디, 조직의 분위기, 평가 한 번에 내 감정이 요동친다. 하지만 회사 밖에 내 현금흐름이 생기면 구조가 달라진다.

"여기가 전부는 아니다"라는 여유
"내가 만든 판도 있다"는 확신

그때부터 회사는 여러 선택지 중 하나가 된다. 나는 회사를 버린 게 아니다. 회사 하나에 내 삶을 올인하지 않게 됐을 뿐이다. 그 차이가 생각보다 인생을 크게 바꾼다.

내가 이 장에서 독자에게 꼭 전하고 싶은 말

당신도 회사 안에서의 역할만으로 자신을 정의할 필요가 없다. 지금은 평범한 사원일 수 있다. 눈에 띄지 않는 사람일 수도 있고, 아직 내세울 기술이 없다고 느낄 수도 있다. 그렇다고 해서 당신의 가능성까지 평범한 건 아니다.

퇴근 후 1시간. 그 시간만이라도 당신의 직함이 아니라 당신의 콘텐츠로 살아보기를 시작해보자. 그 순간부터 인생은 생각보다 빨리 다른 방향으로 열린다. 처음에는 조회수 몇 십에 그칠 수 있다. 아무 일도 안 일어나는 것처럼 보일 수도 있다. 그래도 괜찮다. 중요한 건 숫자의 크기가 아니다. 내가 만든 것으로 세상과 연결되는 경험을 시작했다는 사실이다.

사람은 돈으로만 움직이지 않는다. 스스로를 다시 믿게 되는 순간에 움직인다. 내겐 인스타가 그랬다. 낮에는 회사에서 버티고, 밤에는 내 판을 키웠다. 그 이중생활이 나를 지치게 한 게 아니라 오히려 나를 살렸다. 그래서 나는 이제 이렇게 말한다. 회사에선 만년사원일지 몰라도, 퇴근 후까지 만년사원으로 살 필요는 없다. 퇴근 후 당신의 두 번째 자아가 당신의 첫 번째 인생을 구할 수도 있다.

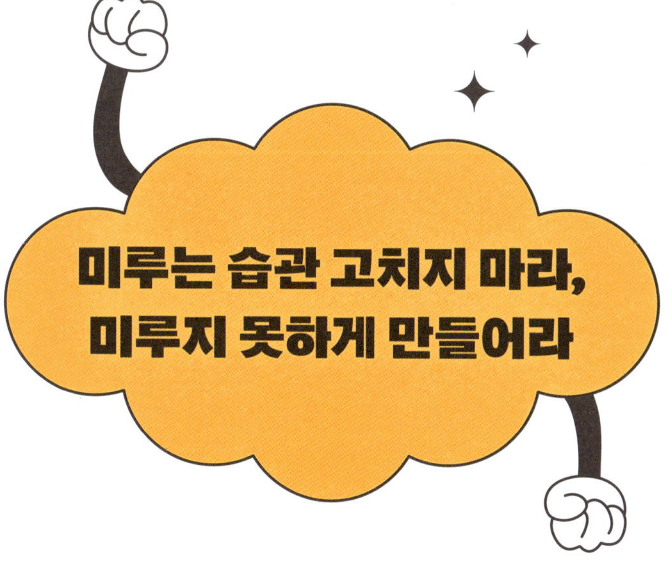

많은 사람들이 미루는 습관을 고치려고 한다. 그리고 대부분 실패한다. 미루는 습관은 '의지의 문제'로만 접근하면 거의 안 고쳐지기 때문이다. 특히 직장인은 더 그렇다. 회사에서 하루 종일 사람 만나고, 일 처리하고, 눈치 보고, 감정 쓰고 오면 퇴근 후에는 이미 에너지가 많이 빠져 있다. 그 상태에서 집에 와서 "자, 이제부터 내 인생을 바꾸는 콘텐츠를 만들어보자"라고 마음먹는 건 멋진 말이지만, 현실에서 적용하긴 쉽지 않다.

나도 그랬다. 퇴근할 때까지만 해도 분명 마음은 있었다. '오늘은 집 가서 릴스 하나 만들어야지. 오늘은 진짜 시작해야지.' 그런데 집에 도착하면 이상하게 딴짓부터 하게 된다. 잠깐 눕고, 잠깐 폰 보고, 잠깐 유튜브 보고, 잠깐 씻고 나오면 하루가 끝나 있다. 그리고 자기 전엔 또 자책한다.

"나는 왜 이렇게 미루지?"
"나 진짜 절박한데도 왜 몸이 안 움직이지?"

예전의 나는 여기서 또 결심을 더 세게 했다. 내일부터는 진짜 안 미룰 거야. 근데 이 방식이 안 통했다. 너무 여러 번 해봤다. 왜 안 통했냐면, 나는 미루는 습관을 '없애려고'만 했지, 미룰 수 없는 구조를 만들지는 않았기 때문이다.

진짜 문제는 의지가 아니다

미루는 사람을 보면 게으르다고 생각하기 쉽다. 그런데 실제 로는 그렇지 않은 경우가 많다. 머릿속으론 이미 엄청 바쁘다. 해 야 할 것도 알고, 왜 해야 하는지도 알고, 안 하면 불안한 것도 안 다. 특히 나처럼 빚이 있다든가 절박한 사람은 더 그렇다. 카드값 날짜는 기다려주지 않고, 리볼빙은 내 사정을 봐주지 않는다. "돈 벌어야 한다"는 압박은 늘 있었다. 그러니까 내가 몰라서 안 한 게 아니다. 알고도 시작을 못 한 것이다.

미루는 사람에게 필요한 건 "의지를 키우는 법"보다 "시작을 자동화하는 법"이 필요하다. 시작만 되면 의외로 한다. 문제는 시작 전까지 넘어야할 심리적 허들이 너무 높고 크다는 거다.

- 뭐부터 하지?
- 오늘은 너무 피곤한데…
- 제대로 하려면 시간 더 있어야 하는데…
- 지금 시작해봤자 애매한데…
- 내일 아침에 할까?

이 생각들이 10분만 머리에 맴돌아도 이미 진다. 그래서 나는 미루는 습관을 고치는 대신, 생각할 틈을 줄이는 방향으로 바꿨다.

내가 바꾼 건 성격이 아니라 순서였다

사람은 성격을 바꾸기 어렵다. 특히 직장 다니면서, 빚 갚으면서, 이미 지친 상태에선 더 어렵다. 그래서 나는 성격을 바꾸려는 걸 포기했다. 대신 순서를 바꿨다.

예전의 순서가 이랬다면

퇴근 → 집 도착 → 쉬기 → 스마트폰 보기 → 죄책감 → 아무 것도 못 함

바꾼 순서는 이랬다.

퇴근 → 무조건 인스타 열기 → 아주 작은 작업 1개 → 그 다음 쉬기

이게 별거 아닌 것 같지만 진짜 중요하다. 왜냐하면 미루는 사람은 '쉬고 나서 하자'가 거의 안 되기 때문이다. 한 번 늘어지면 끝이다. 나도 너무 잘 안다. 그래서 나는 규칙을 만들었다.

- 출퇴근길 지하철 타면 무조건 인스타 릴스부터 본다
- 침대에 눕기 전에 오늘 레퍼런스 1개는 꼭 저장한다

포인트는 거창한 성실함이 아니다. 행동 단위를 작게 쪼개서, 시작 문턱을 바닥까지 낮추는 것이다. 미루는 사람은 큰 목표에서 무너진다. 하지만 작은 행동에는 생각보다 잘 반응한다.

"오늘 릴스 1개 완성"은 부담스럽지만,
"오늘 첫 문장 1개 쓰기"는 할 수 있다.

이렇게 시작하면, 신기하게도 다음 동작이 붙는다. 사람은 시작만 하면 완주 확률이 올라간다. 나는 이 말을 정말 자주 한다.

게으른 사람은 의지를 믿지 말고, 환경을 믿어야 한다.

여기서 환경은 거창한 인테리어나 비싼 장비를 말하는 게 아니다. 내가 행동하게 만드는 생활 동선의 장치를 말한다. 예를 들어 이런 것들이다.

- 자주 쓰는 앱을 첫 화면에 배치해둔다
- 릴스 주제는 메모 어플에 정리한다

이런 걸 해두면 뭐가 좋냐면, 매번 시작할 때 드는 결정 피로가 줄어든다. 미루는 사람은 의외로 실행이 귀찮아서가 아니라, 결정해야 할 게 많아서 멈추는 경우가 많다.

오늘은 또 뭘 만들어야 하지?

이 질문이 많아질수록 사람은 쉬운 선택을 한다. 그게 바로

"내일 하지 뭐"다. 그래서 환경 설정은 미루는 사람에게 선택이 아니라 필수다. 나를 부지런하게 만드는 기술이 아니라, 내 게으름이 이기지 못하게 만드는 기술이다.

'나중에'가 아니라 '지금 10분만'으로 바꿔라

미루는 습관의 무서운 점은, 시간이 없는 게 아니라 시간을 다 먹는다는 데 있다. "나중에 해야지"라고 미뤄놓은 일은 머릿속에서 계속 공간을 차지한다. 그러면 쉬어도 쉬는 게 아니다. 계속 찜찜하다. 그래서 나는 독자들에게 "시간이 길게 날 때 하겠다"는 생각부터 버리라고 말하고 싶다. 직장인에게 그런 시간은 잘 안 온다. 와도 체력이 없다. 대신 이렇게 바꿔야 한다.

오늘 제대로 2시간 해야지 → 딱 10분만 하자

이 차이가 엄청 크다. 왜냐하면 직장인 N잡은 하루의 퀄리티 경쟁이 아니라 누적 경쟁이기 때문이다. 내가 실제로 흐름을 만든 것도 이 방식이었다. 처음부터 완벽하게 해서 성장한 게 아니다. 인스타 앱도 없던 '온라인 할머니'가, 퇴근 후 남는 시간에 할 수 있는 가장 작은 행동부터 반복한 결과다. 처음엔 감도 없고 속도도 느렸지만, 끊기지 않게 계속하니까 나중에 속도가 붙었다. 그리고 속도는 재능보다 반복에서 나온다.

미뤄도 돌아오게 만들어라

여기서 더 중요한 이야기가 있다. 아무리 구조를 잘 짜도 사람은 또 미룬다. 나도 그렇다. 바쁜 주가 있고, 회사에서 멘탈 털리는 날이 있고, 몸이 안 따라주는 날이 있다. 그럴 때 "아, 나는 역시 안 되네"로 가면 다시 자책 루프로 떨어진다. 그래서 나는 완벽한 꾸준함 대신 복귀가 쉬운 구조를 더 중요하게 본다.

- 3일 쉬었어도 바로 다시 할 수 있는 작은 루틴
- 컨디션 안 좋을 때도 할 수 있는 최소 행동 목록

이런 게 있으면, 미뤄도 끝나지 않는다. 중요한 건 단 한 번도 안 미루는 사람이 되는 게 아니라, 미뤄도 다시 돌아오는 사람이 되는 것이다. 나는 한때 미루는 습관 때문에 스스로를 한심하다고 생각했다. 하지만 지금은 다르게 본다. 미루는 사람은 의지가 약한 사람이 아니라, 대개 시작 설계가 안 된 사람이다. 그 설계만 바꾸면 생각보다 빨리 달라진다.

그러니까 오늘부터 목표를 바꾸자. 미루는 습관을 고치겠다는 거창한 목표 말고, 미루기 전에 손이 먼저 움직이는 구조 만들기로 말이다. 그게 시작되면, 당신은 생각보다 빨리 스스로를 다시 믿게 될 것이다. 그 믿음이 쌓이면, 결국 수익으로도 이어진다.

완벽주의자는 보통 이렇게 말한다.

"조금 더 준비되면 시작할게요."

"이왕 하는 거 제대로 하고 싶어서요."

"첫인상은 중요하니까요."

"아직 내 수준이 아닌 것 같아요."

겉으로 들으면 되게 성실하고 신중한 말 같다. 나도 대충 사는 사람이 아니었다. 오히려 반대였다. 성실했고, 제대로 하고 싶어

했고, 남들보다 늦게 출발한 만큼 더 잘해내고 싶어 했다. 그래서 더 자주 완벽주의에 걸렸다. 특히 인생이 한 번 크게 흔들리고 나면 완벽주의는 더 심해진다. 나처럼 잘못된 선택으로 수천만 원의 마이너스 통장을 뚫어본 사람은 더욱이.

그 다음부터는 모든 선택이 무섭다. "이번엔 틀리면 안 된다"는 마음이 강해진다. 그러면 자연스럽게 뭐든 더 신중해진다. 더 오래 보고, 더 많이 따지고, 더 준비하려고 한다. 문제는 그 신중함이 어느 순간부터 '실행 지연'으로 바뀐다는 점이다. 나는 한동안 그걸 몰랐다. 나는 내가 조심성 있는 사람인 줄 알았다. 그런데 돌이켜보니, 많은 순간에 나는 조심한 게 아니라 '무서워서 늦추고 있었던 것'이었다.

잘하고 싶은 마음이 시작을 막는다

인스타를 처음 시작할 때도 그랬다. 나는 원래 인스타 앱도 없던 사람이었다. 남들은 이미 릴스, 브랜딩, 알고리즘 얘기할 때 나는 진짜 '온라인 할머니' 수준이었다. 그러니 당연히 자신감이 없었다. 이 상태에서 콘텐츠까지 만들어야 하니 머릿속에 이런 생각이 먼저 뜬다.

"사람들이 보고 이상하다고 하면 어떡하지?"
"더 공부하고 시작해야 하나?"

이런 생각이 많아질수록 실행은 늦어진다. 완벽주의의 무서운 점은, 사람을 아예 놀게 만들지 않는다는 데 있다. 오히려 엄청 바쁘게 만든다. 검색하고, 비교하고, 저장하고, 고민하고, 계획하고, 또 고친다. 겉으로 보면 열심히 준비 중이다. 하지만 결과는 같다.

'업로드 0개.'

완벽주의자는 게으른 게 아니라, 평가가 무서운 사람이다

나는 완벽주의를 단순히 "기준이 높은 성격"이라고 보지 않는다. 그건 반만 맞다. 실제로는 그 안에 이런 마음이 숨어 있는 경우가 많다.

- 실패하고 싶지 않다
- 창피당하고 싶지 않다
- 틀렸다는 말을 듣고 싶지 않다
- 내가 별로인 사람처럼 보이고 싶지 않다

특히 성실한 사람일수록 이 마음이 강하다. 왜냐하면 성실한 사람은 늘 '잘하는 사람'으로 살아왔기 때문이다. 그래서 초보처럼 보이는 순간을 견디기 어려워한다. 그런데 콘텐츠 시장은 냉정하다. 준비한 사람보다 빨리 올린 사람이 먼저 배운다. 이걸 깨닫기 전까지는 완벽주의에서 못 빠져나온다.

완벽한 1편보다, 어설픈 10편이 인생을 바꾼다

인스타, 특히 릴스를 하면서 내가 가장 빨리 배운 사실 하나가 있다. 완벽한 콘텐츠를 만드는 사람보다 반응을 보면서 수정하는 사람이 훨씬 빨리 성장한다는 것. 이유는 단순하다. 콘텐츠는 내 머릿속에서 완성되는 게 아니라, 시장 반응으로 완성되기 때문이다.

내가 보기엔 별로인 영상이 저장이 잘 될 때가 있고, 내가 공들인 영상이 조용할 때가 있다. 여기서 감이 생긴다. 사람들이 뭘 원하는지, 어떤 문장에 멈추는지, 어떤 포인트에서 반응하는지, 그런데 완벽주의자는 이 학습 기회를 자꾸 뒤로 미룬다. "좀 더 다듬고 올려야지" 하면서.

문제는 그 사이에 시간이 간다는 거다. 그리고 시간은 결국 자신감을 갉아먹는다. 올리지 않은 콘텐츠는 피드백이 없고, 피드백이 없으면 개선도 없고, 개선이 없으면 여전히 릴스 만들기는 두렵다. 이게 완벽주의의 늪이다.

반대로 어설퍼도 일단 올리는 사람은 다르다. 반응을 받는다. 틀린 걸 안다. 다음엔 고친다. 그러다 어느 순간 감이 붙는다.

실행가는 콘텐츠를 올리면서 실력이 늘고,
완벽주의자는 실력이 늘고난 후 올리려고 한다.

이 차이는 딱 3개월 지나면 엄청나게 벌어진다.

생각보다 사람들은 자세히 안본다

완벽주의에서 빠져나오는데 도움이 됐던 현실적인 깨달음이 하나 있다. 사람들은 생각보다 내 콘텐츠를 하나하나 다 기억하지 않는다. 이 말이 허무하게 들릴 수도 있지만, 초보에겐 오히려 엄청 위로가 된다.

우리는 첫 게시물을 올릴 때 세상이 다 볼 것처럼 긴장한다. 하지만 실제로는 대부분 그냥 스쳐 지나간다. 좋으면 저장하고, 아니면 넘긴다. 끝이다. 내가 혼자 밤새 고민한 폰트, 글자 간격, 문장 뉘앙스를 세상이 그렇게 오래 붙잡고 보지 않는다.

그러니까 초반에는 '작품' 만들려는 마음을 조금 내려놔야 한다. 특히 직장인 N잡러는 더 그렇다. 퇴근 후 제한된 시간으로 승부해야 하는데, 완벽주의로 한 편에 모든 에너지를 쏟으면 다음 편이 없다. 그러면 계정은 멈춘다.

릴스는 영화작품급 퀄리티일 필요가 전혀 없다.

이걸 받아들이는 순간, 사람은 훨씬 빨리 가벼워진다. 가벼워지면 실행량이 늘고, 실행량이 늘면 결과가 붙는다. 결과가 붙으면 오히려 퀄리티도 올라간다. 재밌는 건, 완벽주의를 내려놓을수록 결과물은 더 좋아진다는 점이다. 왜냐하면 그때부터는 머릿속 기준이 아니라 '시장 기준'으로 고치게 되니까.

완벽주의에 대한 착각

여기서 중요한 건 "대충 살자"가 아니다. 완벽주의 자체를 악으로 보면 또 극단으로 간다. 완성도에 대한 감각은 분명 장점이다. 문제는 그 장점을 시작 단계에서 써버리는 것이다. 완벽주의는 시작할 때 쓰면 독이 되고, 수정할 때 쓰면 약이 된다. 이렇게 가면 완벽주의가 실행력을 죽이지 않고, 퀄리티를 올리는 도구가 된다.

나는 인스타 앱도 없던 사람이었기 때문에, 잘하려고만 하면 영원히 시작 못 했을 거다. 그래서 소반엔 "완벽하게"보다 "계속하게"를 선택했다. 그 선택이 결과적으로 더 빠르게 성장하게 만들었다. 당신 인생을 망치는 건 실수가 아니라 가만히 있는 것이다. 완벽주의자는 자꾸 실수를 두려워한다. 하지만 진짜로 인생을 느리게 만드는 건 실수 자체가 아니다. 올리지 않은 콘텐츠, 시도조차 하지 않은 기회다.

실수한 콘텐츠는 다음에 고치면 된다. 반응 없는 영상도 데이터가 된다. 어색한 첫 게시물도 나중엔 발판이 된다. 하지만 끝까지 미뤄진 콘텐츠는 아무것도 남기지 않는다. 배움도 없고, 데이터도 없고, 수익도 없다.

그래서 나는 이제 이렇게 말한다. 완벽주의가 인생을 망친다는 건, 완벽함을 추구해서가 아니라 완벽함을 핑계로 실행을 미루게 만들기 때문이다. 당신이 지금 해야 할 건 더 완벽한 준비가 아니다. 더 완벽한 첫 게시물도 아니다. 필요한 건 단 하나다.

어설프게라도 실행하는 사람으로 바뀌는 것.

처음엔 B급이어도 된다. 어설퍼도 된다. 그게 정상이다. 중요한 건 오늘 하나의 콘텐츠를 만들어 보는 것이다. 인생을 바꾸는 건 완벽한 결심이 아니라, 세상에 내보낸 불완전한 실행이라는 걸 잊지말자.

게으름뱅이도 움직이게 만드는 환경 설정의 기술

많은 사람들이 실행력을 성격 문제로 생각한다.

"저 사람은 원래 부지런해서 그래."
"나는 원래 게을러서 안 돼."

나는 이 말을 별로 믿지 않는다. 왜냐하면 내가 직접 겪어보니, 사람을 움직이게 만드는 건 '성격'보다 '환경'이었기 때문이다.

나는 성실하게 살아온 편이었지만, 그 성실함은 주로 '남이 정해준 시스템' 안에서 잘 작동했다. 회사 출근, 업무 마감, 약속 시간처럼 안 하면 티 나는 일들. 반대로 퇴근 후 내 계정 운영처럼 아무도 체크하지 않는 일은 자꾸 밀렸다. 마음은 절박했는데 몸이 안 움직였다. 특히 빚이 있고, 돈을 벌어야 한다는 압박이 큰 시기에는 더 아이러니했다. 절박할수록 더 잘해야 할 것 같고, 더 잘해야 할수록 시작이 무거워졌다. 그때 깨달았다. 내가 게을러서가 아니라, '내 인생을 바꾸는 일에는 회사 같은 구조가 없었다'는 걸.

회사에서는 왜 움직일까? 이유는 단순하다. 마감이 있고, 역할이 있고, 보는 사람이 있고, 결과가 남기 때문이다. 결국 사람은 의지보다 구조에 더 잘 반응한다. 그렇다면 퇴근 후 내 계정도 그렇게 만들면 된다. '하고 싶을 때 하는 일'이 아니라, '안 하면 찝찝한 일'로 바꾸는 것이다. 이게 내가 말하는 환경설정의 핵심이다.

'부지런해지는 기술'이 아니라 '도망 못 가게 만드는 기술'이다

많은 사람들이 환경설정을 책상 정리나 앱 정리 정도로 생각한다. 물론 그것도 도움은 된다. 하지만 내가 말하는 환경설정은 더 본질적이다. 바로, 행동이 나오도록 판을 설계하는 것이다. 핵심은 3가지다.

1. 선언하기.
2. 환경 안에 들어가기.
3. 즉각 보상받기.

이 3가지만 잡아도 실행률이 확 올라간다. 왜냐하면 게으름은 마음의 문제가 아니라, 너무 쉽게 도망칠 수 있는 상태에서 커지기 때문이다. 사람은 원래 편한 쪽으로 간다. 그러니까 나를 탓할 게 아니라, 편한 도망길부터 막아야 한다.

1. 목표 데드라인을 다른 사람에게 말하기

혼자 마음먹은 목표는 생각보다 쉽게 무너진다.

"이번 주에 릴스 3개 올려야지."

이렇게 혼자 다짐하면, 안 해도 아무도 모른다. 그러면 내일로 미루기 너무 쉽다. 반대로 누군가에게 말하면 달라진다. 거창한 공개 선언까지 갈 필요도 없다. 친한 친구 한 명, 같이 성장하고 싶은 동료 한 명이면 충분하다.

"나 이번 주까지 콘텐츠 안올리면 너한테 10만 원 줄게."

이 정도만 해도 행동률이 올라간다. 이유는 단순하다. 사람은 자기 자신과의 약속보다, 관계 안에서 한 약속을 더 의식하기 때문이다. 특히 직장인은 회사에서 이미 '보고 구조'에 익숙하다. 그러니 이 습관을 내 계정에도 가져오면 된다. 내가 누군가에게 보고할 대상이 생기는 순간, 콘텐츠는 취미가 아니라 작업이 된다.

2. 의지가 약한 사람일수록 '환경 안에 들어가기'

혼자서는 자꾸 끊기는 사람에게 가장 좋은 방법 중 하나는, 이미 돌아가고 있는 판에 들어가는 것이다. 예를 들면 7일 릴스 챌린지, 14일 업로드 챌린지, 콘텐츠 인증 모임 같은 형태다.

이런 장치의 장점은 실력을 키워주는 데만 있지 않다. 더 중요한 건 목표 달성을 할수 있도록 생활 패턴을 만들어준다는 것이다. 많은 사람들은 "더 잘 만든 다음에 꾸준히 올려야지"라고 생각한다. 하지만 실제 순서는 반대다. 꾸준히 올리다 보면, 그 다음에 잘 만들게 된다.

챌린지는 생활 패턴을 만드는 근육을 붙이는 데 좋다. 혼자라면 "오늘은 좀 피곤하니까 쉬자"로 끝날 수 있는 날도, 함께 가는 흐름 안에 있으면 한 번 더 움직이게 된다.

3. 사람은 '목표'보다 '즉시 반응'에 움직인다

"팔로워 10만 계정 만들고 싶어요!"

장기 목표는 멋있다. 그런데 이 목표들은 멀다. 사람은 멀리 있는 보상만으로는 잘 안 움직인다. 그래서 초반엔 작은 즉시 보상과 가벼운 페널티가 도움이 된다. 예를 들면,

- 1주일 업로드 완료하면 갖고 싶던 소품 사기
- 목표 미달성 시 벌칙 정하기(소액 커피 쿠폰 친구에게 쏘기 등)

이건 유치한 게 아니다. 인간은 원래 그렇게 움직인다. 회사도 결국 월급, 평가, 마감이라는 보상 / 페널티 구조로 굴러간다. 내가 하는 부업에도 그 정도 장치는 있어야 한다. 포인트는 거창한 벌칙이 아니라, 행동을 유지시키는 패턴이 필요하다.

환경설정을 잘하면 좋은 점은 단순히 콘텐츠를 더 올리게 되는 것만이 아니다. 더 큰 변화는, 자기 자신을 보는 시선이 바뀐다

는 데 있다.

“나는 의지로 버티는 타입은 아니지만, 구조를 만들면 움직이는 사람이네.”

이 차이가 정말 크다. 왜냐하면 N잡은 단거리 경주가 아니라 장거리 경주이기 때문이다. 장기전에서 중요한 건 한 번의 불꽃이 아니라, 내가 나를 믿을 수 있는 상태다. 그리고 그 자기 신뢰는 거창한 성공에서 생기는 게 아니라, 매일의 작은 실행에서 생긴다.

- 오늘도 올렸다
- 오늘도 끊기지 않았다

이게 쌓이면 자존감이 회복된다. 자존감이 회복되면 실행력이 붙고, 실행력이 붙으면 결과가 따라온다.

게으름을 없애려 하지 말고, 게으름 위에 시스템을 얹어라.

누구에게나 귀찮은 날이 있고, 미루고 싶은 날이 있다. 중요한 건 그런 마음을 없애는 게 아니다. 그런 날에도 ‘아예 무너뜨리지 않는 구조가 있는가’다.

게으름뱅이도 움직일 수 있다. 단, 의지로 이기려고 하면 오래 못 간다. 대신 환경을 설계하면, 게으름은 더 이상 내 인생의 발목을 잡는 성격이 아니라 관리 가능한 변수가 된다. 부지런한 사람이 되는 게 목표가 아니다. 내가 움직일 수밖에 없는 판을 만드는 게 목표다. 그 판이 깔리면, 당신은 생각보다 훨씬 꾸준해지고, 생각보다 훨씬 빨리 결과를 보게 될거라 확신한다.

월급날은 기다려도, 카드값 빠져나가는 날은 더 빨리 온다. 그 불안으로 살아본 사람은 안다. 그래서 직장인에게 월급 외 수익은 사치나 욕심이 아니라, 안정감이다.

'진짜… 되네?'

처음 월급 외 수익이 통장에 찍혔을 때 내 머릿속에 떠오른 말이다. 나는 처음 그 돈을 벌었을 때, 액수보다 먼저 숨부터 쉬어졌다.

"와… 회사 말고도 돈이 들어올 수 있구나."

기쁘다기보다 먼저 얼떨떨했다. 내가 만든 콘텐츠로, 내가 퇴근 후 쌓은 시간으로, 회사가 아닌 곳에서 돈이 들어오다니. 그 순간 머릿속 세계관이 바뀐다. "돈은 회사에서만 버는 것"이라는 믿음이 깨지기 때문이다. 이 감각의 전환이야말로 인생을 바꾸는 출발점이다.

처음에 내가 얼마를 벌었는지 액수는 그리 중요하지 않다. 10만 원이든, 100만 원이든 핵심은 단순히 통장에 찍힌 금액보다 돈이 들어오는 경로의 확장이다. 통장에 찍힌 숫자의 크기보다 더 중요한 건, 그 숫자 옆에 붙은 의미다.

"아, 월급 말고도 돈이 들어올 수 있구나."

이 한 번의 체감이 사람을 완전히 다르게 만든다. 그전까지는 회사가 전부였던 사람이, 그날 이후부터는 회사를 '전부'가 아니라 '한 축'으로 보기 시작한다. 불안이 줄고, 선택지가 생기고, 표정이 달라진다.

돈의 액수보다 먼저 달라지는 것

많은 분들이 이렇게 생각한다.

"나는 아직 팔로워도 적은데 무슨 수익화야."

나도 처음부터 엄청난 큰돈을 벌 기대도 안했다. 그냥 월급 외에 단 100만 원만 벌어도 초대박이라고 생각했다. "월급 명세서가 아닌 다른 경로의 돈"을 내 눈으로 한 번 확인해보고 싶었다. 그게 시작이었다.

이 지점이 중요하다. 처음부터 "월 천", "억대 매출", "퇴사"를 목표로 잡으면 대부분 중간에 지친다. 목표가 커서가 아니다. 목표가 너무 멀어서 지금의 행동과 연결되지 않기 때문이다. 반면 "월급 외 10만 원"은 다르다. 구체적이고, 손에 잡히며, 실행으로 연결된다. 그래서 나는 늘 말한다. 처음 목표는 크게 잡지 말고, 처음 감각을 만드는 목표로 잡으라고.

실제로 내 기록에도 인스타 초기에 "콘텐츠로 50~100만 원 벌어보기"라는 목표가 있었다. 처음엔 솔직히 더 큰 꿈도 상상했지만, 막상 해보니 생각처럼 쉽게 되지 않았다. 그런데 시간이 지나 돌아보니, 오히려 그 현실적인 목표 설정이 꾸준함을 만들었다.

“빠르다”의 기준을 각자 정해야 포기하지 않고 확장할 수 있다는 것도 그때 배웠다.

‘나도 되겠는데?’ 라는 확신

처음 수익이 들어오던 날, 통장 잔고보다 먼저 바뀐 건 내 머릿속이었다. “월급 말고도 돈이 들어올 수 있구나.” 이 문장이 한 번 머리에 찍히고 나면, 같은 퇴근 후 1시간도 더 이상 그냥 흘려보내는 시간이 아니게 된다. 인스타를 시작했을 때는 영상 편집을 배운 적도 없었고, 인스타 앱조차 없던 사람이었다. 그런데 퇴근 후 침대에 누워 릴스를 만들기 시작했고, 그 작은 행동이 완전히 새로운 수익의 시작점이 됐다.

이 이야기를 들으면 어떤 분은 운이 좋았다고 말할지도 모른다. 하지만 나는 오히려 정반대로 생각한다. 운이 아니라 반복의 결과였다. 퇴근 후 조금씩 쌓은 시간, 자투리 시간에 저장한 레퍼런스, 메모해둔 후킹 문장, 올리고 보완하고 다시 올리는 과정이 쌓여서 어느 순간 수익으로 연결된 것이다. 그래서 직장인이 처음 수익을 만들 때 가장 짜릿한 순간은 액수 자체보다 “월급 말고도 돈이 들어올 수 있구나”를 체감하는 순간이라고 정리해둔 적이 있다. 정말 그렇다. 그 순간 이후로는 같은 퇴근 후 1시간도 전혀 다르게 보이기 시작한다.

누군가는 퇴근 후 1시간을 소비하고 잊어버리지만, 누군가는 퇴근 후 1시간을 기록하고 축적한다. 처음에는 차이가 작아 보인다. 하지만 몇 달 지나면 계정의 밀도, 콘텐츠 수, 반응, 문의량이 달라지고, 결국 돈의 흐름까지 달라진다.

'실행형' 사람으로 바꾸는 이것

사람은 '이해'돼서 움직이지 않는다. 대부분은 가능성을 '체감'하고 나서야 움직인다. 그래서 첫 수익은 크지 않아도 된다. 오히려 작아도 좋다. 작은 금액이라도 내 힘으로, 내 콘텐츠로, 내 구조로 만들어본 경험이 있으면 그 다음부터는 행동이 달라진다. 콘텐츠를 올리는 태도가 달라지고, 시간 쓰는 기준이 달라진다. 이전에는 "될까?"였다면, 이후에는 "어떻게 더 키울까?"가 된다.

나 역시 "100만 원만 더 벌었으면 좋겠다"에서 시작했다. 그런데 그 시작이 쌓이면서 결과가 커졌고, 결국 나는 인스타를 업신여기던 사람에서, 인스타로 월급 이상의 흐름을 만드는 사람이 되었다.

그러니 지금 아직 팔로워가 적다고, 전문성이 부족하다고 주저할 필요 없다. 나도 처음엔 인스타 앱조차 없었고, "인스타는 자랑질 플랫폼"이라고 생각하던 사람이었다. 그런데 절실한 상황에서 생각을 바꾸고 시작했고, 그 선택이 인생의 방향을 바꿨다. "이번 달에 월급 외 돈 10만 원을 만들어보자"는 첫 목표면 충분하다. 그 한 번의 경험이 생기면, 정말로 인생이 바뀐다. 액수 때문이 아니라, 당신이 돈을 보는 방식이 바뀌기 때문이다.

평범함이 약점이 아니라 최강 무기인 이유

"긍필님, 근데 저는 진짜 평범한데 괜찮을까요?"

인스타를 키우고 싶어 하는 분들이 정말 자주 하는 말이다. 그런데 더 웃긴 건, 예전의 나 역시 똑같이 말했다는 사실이다. 나는 예전부터 사업가가 될 생각이 전혀 없었다. 어릴 때부터 "나중에 내 사업 해야지" 같은 꿈을 꾸던 사람도 아니었다.

그냥 평범하게 취직해서, 사원증 달고, 회사에서 인정받으면서 사는 삶. 그게 내 목표였다. 그것도 늦게 취직한 만큼 더 절실했다. 남들보다 늦게 출발했으니 다른 데 눈 돌리지 말고 회사에서 자리 잡아야 한다고 생각했다. 야근도 하고, 당직도 하고, 더 배우고, 더 버티고, 나중에는 여성 임원까지 가보고 싶었다. 나는 그 루트를 진심으로 믿었다. 그래서 더더욱 인스타 같은 건 쳐다보지도 않았다. 정확히 말하면, 솔직히 좀 입신여겼다.

"실체도 없는 온라인에 시간 쓰느니 차라리 회사 일 더 하지."

그때의 나는 그게 맞는 줄 알았다. 그런데 인생은 가끔, 내가 무시하던 세계 앞으로 나를 데려다 놓는다.

평범해서 더 잘 팔린다

내가 인스타를 시작했을 때를 떠올리면 지금도 웃기다. 릴스? 관심 없었다. 영상 편집? 배운 적 없다. 인스타 브랜딩? 뭔지도 몰랐다. 심지어 나는 시작부터 '잘하는 사람'이 아니었다. 오히려 완전히 반대였다. 온라인 세계 기준으로 보면, 나는 늦어도 너무 늦은 사람이었다.

그런데 상황이 바뀌었다. 돈을 벌어야 했고, 월급만으로는 마음이 편해지지 않는 시기가 왔다. 그제야 나는 내가 그렇게 무시하던 시장을 보기 시작했다. 그리고 알았다. 내가 몰랐던 것뿐이지, 이미 많은 사람들이 온라인에서 기회를 만들고 있었다는 걸. 특별한 사람들만 하는 게 아니었다.

오히려 평범한 사람들이 자기 경험을 콘텐츠로 바꾸면서 길을 만들고 있었다. 그때 처음 깨달았다. 문제는 내가 평범한 게 아니라, 평범함은 돈이 안 된다고 착각한 것이었다.

사람들은 천재보다 '나보다 조금 더 앞선 사람'을 원한다

많은 사람들이 인스타를 시작하기 전에 스스로를 탈락시킨다.

- "나는 전문가가 아니라서…"
- "나는 보여줄 커리어가 없어서…"
- "나는 특별한 이력이 없어서…"

그런데 실제 시장은 그렇게 안 움직인다. 사람들이 진짜로 반응하는 건 "너무 대단한 사람"의 이야기보다 "나랑 비슷한 사람이 먼저 해본 이야기"인 경우가 많다. 왜냐하면 대단한 사람은 감탄은 되지만, 따라가기가 멀게 느껴질 때가 많기 때문이다.

반면 평범한 직장인이 퇴근 후 시간을 쪼개서 해본 방법, 시행착오 끝에 정리한 팁, 실제로 겪은 실패와 변화는 다르다. 그건 정보가 아니라 경로로 보인다.

"아, 저 사람도 처음엔 몰랐네."
"저 사람도 직장 다니면서 했네."
"저 사람도 영상 편집 못했는데 시작했네."
"그럼 나도 못할 건 아니네?"

이 감정이 생기면, 그때부터 콘텐츠는 소비를 넘어 행동으로 이어진다. 그 지점에서 평범함은 약점이 아니라 무기가 된다.

'잘나서'가 아니라, '공감돼서'

내가 인스타에서 반응을 얻기 시작했을 때, 사람들이 좋아했던 건 화려한 성공담이 아니었다.
"30대 평범한 직장인이 인스타를 시작한 이유" 같은 문장에 반응했다.

왜 그랬을까? 그 문장이 누군가에겐 바로 자기 이야기였기 때문이다. 직장인들은 안다.

- 회사 다니며 새로운 걸 시작하는 게 얼마나 귀찮고 막막한지
- 무언가 바꾸고 싶은데, 어디서부터 시작해야 할지 모르는 답답함이 뭔지

"30대 평범한 직장인이 인스타를 시작한 이유" 카드뉴스 만들었던 썸네일

나는 그 감정을 아는 사람이었다. 왜냐하면 내가 그랬으니까. 콘텐츠에서 사람을 움직이는 건 지식의 양이 아니다. "이 사람은 내 현실을 안다"는 공감이다. 그 느낌이 신뢰로 바뀐다. 인스타에서 돈이 되는 건 화려함 그 자체가 아니다. 결국은 신뢰다. 사람들은 팔로워 수만 보고 돈을 쓰지 않는다. "이 사람 말은 믿을 만하다"는 감정이 있어야 문의하고, DM 보내고, 신청하고, 결제한다. 그 신뢰는 어디서 생기냐면, 대단한 포장보다 그 사람이 겪은 과정(스토리)에서 생긴다.

- 시행착오를 숨기지 않는 사람
- 결과만 자랑하지 않고 방법을 나누는 사람

이런 사람이 오래 간다. 왜냐하면 사람들은 완벽한 사람보다, 성장하는 사람에게 더 끌리기 때문이다. 나 역시 처음부터 감각 있는 크리에이터도 아니었고, 영상 전공자도 아니었고, 사업가 마인드로 무장한 사람도 아니었다.

그런데 인스타에서 돈 좀 벌어보자 하고 시작한 릴스 작업이 결국 내 인생을 바꿨다. 릴스를 만들면서 시장을 배웠고, 사람 반응을 읽는 법을 배웠고, 콘텐츠가 돈이 되는 구조를 배웠다. 그 경험이 쌓여 지금은 대행사 대표로 일하고, 결국 퇴사까지 했다. "원래 잘하는 사람이 더 잘됐다"가 아니다. 평범한 사람이 자기 평범함을 시장에서 통하는 언어로 바꾸는 데 성공했다는 것에 있다.

무기가 없었던 게 아니라, 무기인 줄 몰랐던 것

돌이켜보면 내가 약점이라고 생각했던 것들이 다 재료였다.

- 문과 출신
- 늦은 취업

- 평범한 30대 직장인
- 인스타 1도 모름
- 영상 편집 한 번도 안해봄
- 사업할 생각 전혀 없음

예전의 나는 이걸 보고 "난 정말 경쟁력이 없네"라고 생각했다. 지금의 나는 다르게 본다.

"이거 다 누군가에겐 희망이 되겠네."
"이거 내 또래들에게 공감 포인트네."

당신이 평범한 건 문제가 아니다. 문제는 그 평범함을 쓸 줄 모르는 상태다. 평범함은 숨겨야 할 게 아니라, 정리해서 보여줘야 하는 자산이다. 특히 지금처럼 정보가 넘치는 시대에는, 너무 대단한 정답보다 현실적인 내 상황을 솔직하게 나누는 힘이 더 강하다.

평범함을 무기로 쓰는 법

"나는 특별한 게 없어서 안 될 것 같아."

혹시 아직도 마음속으로 이렇게 생각하고 있다면, 그 문장을 이렇게 바꿔보자.

"나는 아직 내 평범함을 무기로 쓰는 법을 모를 뿐이다."

평범함을 콘텐츠화 한 예시

전자는 포기하는 사람의 말이고, 후자는 전략을 짜는 사람의 말이다. 당신이 평범한 직장인이라서, 평범한 커리어를 갖고 있어서 불리한 게 아니다. 오히려 그 현실감이, 그 시행착오가, 그 답답함이, 그 꾸역꾸역 버틴 시간이 누군가에겐 가장 필요한 콘텐츠가 된다. 그 기록이 릴스가 되고, 그 릴스가 신뢰가 되고, 그 신뢰가 수익이 된다.

평범함이, 오히려 성공의 시작점인 이유

나는 원래 인스타는 커녕 릴스도 몰랐고, 영상 편집도 못했고, 그냥 회사에서 잘 버티는 사람이 되고 싶었던 평범한 직장인이었다. 그런데 그런 내가 바뀌었다. 상황이 바뀌자 배웠고, 배운 걸 실행했고, 실행을 반복하다 보니 인생의 방향이 바뀌었다.

'평범함'을 키워드로 브랜딩해서 수익화까지 한 예시

그러니까 당신도 가능하다. 특별해서가 아니라, '평범하게 시작해도 되는 시대'라서 가능하다. 중요한 건 완벽한 시작이 아니다. 대단한 재능도 아니다. 내가 가진 현실을 부끄러워하지 않고, 그것을 자산으로 보는 시선이다. 평범함은 약점이 아니다. 잘 쓰면 가장 강한 무기다. 그리고 당신의 무기는, 생각보다 이미 많다.

나는 원래 '열심히 살면 된다'는 말을 진심으로 믿던 사람이었다. 늦게 취업했으니 더 열심히 해야 한다고 생각했고, 회사에서 인정받으려면 남들보다 더 버텨야 한다고 생각했고, 성공은 결국 성실한 사람이 가져가는 거라고 믿었다.

그래서 실제로 그렇게 살았다. 야근도 하고, 당직도 하고, 시키는 일도 열심히 하고, 안 시켜도 더 해보고, 기회가 오면 잡고, 부족하면 더 채우려고 했다. 한마디로 말하면, 나는 '노력형 인간'이었다. 문제는 그 삶의 태도가 틀렸다는 게 아니다. 문제는 그 태도만으로는 내 인생의 불안을 해결할 수 없었다는 데 있었다.

이걸 인정하는 데 오래 걸렸다. 왜냐하면 성실하게 살아온 사람에게 "방식이 틀렸다"는 말은 되게 아프게 들리기 때문이다. 마치 내가 지금까지 헛살았다는 말처럼 느껴질 수 있으니까. 그런데 꼭 그렇게 받아들일 필요는 없다. 내가 지금 말하는 건 성실함을 버리자는 게 아니다. 성실함은 그대로 두고, 쓰는 방향을 바꾸자는 말이다.

열심히 사는 사람은 많다. 그런데 다 잘되지는 않는다

이 문장을 한 번 냉정하게 봐야 한다. 주변을 보면 정말 열심히 사는 사람이 많다. 회사에서 성실하고, 책임감 있고, 자기계발도 하고, 남한테 피해 안 주고, 하루하루 바쁘게 산다. 그런데 이상하게 결과는 엇갈린다. 누군가는 같은 시간에도 더 빨리 성장하고, 누군가는 더 오래 바쁜데도 제자리인 느낌이 든다. 왜 그럴까?

재능 차이도 있겠지만, 생각보다 더 큰 차이는 '방향'이다. 열심히는 '속도'의 문제고, 영리하게는 '방향'의 문제다. 방향이 맞으면 속도가 조금 느려도 결국 도착한다. 반대로 방향이 틀리면 속도를 아무리 올려도 제자리에서 바쁘기만 하다.

나는 이걸 빚을 떠안고 나서 뼈저리게 배웠다. 성실하게 아껴 살았고, 나름 열심히 살아왔지만, 돈의 구조를 모르고 선택을 잘 못하면 한 번에 크게 흔들릴 수 있다는 걸 알게 됐다. 그때 처음으로 깨달았다. 인생은 단순히 열심히 사는 사람에게만 보상하는 게임이 아니라, 내 한정된 시간을 어디에 열심히 쓰는지가 중요한 게임이라는 걸.

성실함은 엔진이고, 영리함은 내비게이션이다

나는 이 비유를 자주 떠올린다. 성실함은 엔진이다. 분명히 필요하다. 엔진 없는 차는 못 간다. 그런데 내비게이션 없이 엔진만 세게 밟으면 어떻게 될까?

빨리 가긴 간다. 문제는 어디로 가는지 모른다.

예전의 내가 딱 그랬다. 엔진은 좋았는데, 방향을 점검하지 않았다. 남들이 좋다는 루트, 유행하는 자기계발, "열심히 하면 된다"는 말에 너무 익숙해서 정작 중요한 질문을 놓쳤다.

- 이 노력이 정말 돈으로 연결되는가?
- 이 행동이 반복될수록 쉬워지는 구조인가?

• 내가 지금 만드는 건 소비인가, 축적인가?

이 질문을 하기 시작하면서 삶이 달라졌다. 영리하게 산다는 건 머리만 굴리고 편하게 살겠다는 뜻이 아니다. 오히려 반대다. 같은 노력으로 더 많이 남기기 위해 생각하는 것이다.

열심히 사는 건 미덕이다. 하지만 이제는 미덕만으로 버티기 어려운 시대다. 특히 직장인 N잡러에게는 더 그렇다. 시간이 없으니까. 시간이 부족한 사람일수록 '얼마나 오래 했는가'보다 '무엇이 남았는가'를 봐야 한다.

성실하게 살았는데, 왜 통장은 안 바뀔까

이 말은 아프지만, 현실이다. 우리는 어릴 때부터 성실함을 칭찬받고 자란다. 착실한 사람, 책임감 있는 사람, 열심히 하는 사람. 좋은 가치다. 나도 그 가치를 존중한다.

그런데 돈의 세계, 특히 콘텐츠와 수익화의 세계에서는 성실함만으로는 부족할 때가 많다. 왜냐하면 여기서는 단순 노동량보다 구조와 레버리지가 결과를 크게 바꾸기 때문이다.

같은 1시간을 써도, 누군가는 매번 처음부터 다시 시작하고, 누군가는 한 번 만든 걸 반복 활용한다. 누군가는 반응 없는 방식으로 계속 열심히 만들고, 누군가는 반응 좋은 포맷을 찾아 확장한다. 둘 다 열심히 한다. 그런데 결과는 하늘과 땅 차이이다. 이게 영리함의 차이다. 그래서 나는 이제 "열심히 하자"보다 먼저 스스로에게 이렇게 묻는다.

- 이건 쌓이는 일인가?
- 반복 가능한가?
- 나 없이도 일부 돌아갈 수 있는가?
- 다음 수익으로 연결될 수 있는가?

이 질문들이 쌓이면, 삶이 조금씩 바뀐다. 똑같이 피곤해도 결과가 다르게 나온다. 똑같이 바쁜데도 통장 흐름이 달라진다.

영리한 사람은 의지보다 구조를 믿는다

여기서 중요한 포인트가 하나 있다. 많은 사람들이 '영리하게'라는 말을 들으면, 타고난 센스가 있어야 할 것 같고, 머리가 비상해야 할 것 같고, 계산적인 사람만 가능한 것처럼 느낀다. 전혀 아니다. 내가 말하는 영리함은 거창한 재능이 아니다. 오히려 아주 현실적이다.

- 내가 매번 미루는 걸 아니까, 미루지 못하게 환경을 깔아두는 것
- 내가 완벽주의로 멈추는 걸 아니까, 일단 올리고 수정하는 구조로 바꾸는 것
- 내가 체력이 없다는 걸 아니까, 자투리 시간을 주워 쓰는 것
- 내가 평범하다는 걸 아니까, 그 평범함을 공감 포인트로 쓰는 것

이게 다 영리함이다. 영리하게 산다는 건 "나는 왜 이렇게 부족하지?"라고 자책하는 게 아니라, "나는 이런 사람이니까, 이렇게 설계해야겠다"라고 접근하는 것이다. 이 관점이 생기면 삶이 훨씬 가벼워진다.

결국 시성비 싸움이다

가장 중요한 마인드셋 중 하나는 시성비(시간 대비 성과)다. 돈이 없는 것보다 더 치명적인 건, 시간이 없는 상태에서 비효율적으로 움직이는 것이다. 직장인은 하루 24시간 중 이미 많은 시간을 회사에 쓴다. 남는 시간은 진짜 소중하다. 그러니 퇴근 후 시간에까지 "열심히만" 살면 금방 번아웃이 온다. 그래서 이제는 이런 기준이 필요하다.

- 매번 새로 만들기보다, 반응 좋은 걸 확장한다
- 공부만 하기보다, 바로 올려서 반응을 본다

이건 대충하자는 말이 아니다. 시간을 아끼자는 게 아니라, 시간을 투자하듯 쓰자는 말이다. 같은 1시간이라도 소비처럼 쓰면 사라지고, 자산처럼 쓰면 쌓인다.

콘텐츠도 그렇다. 릴스 하나가 바로 큰돈을 주지 않을 수는 있다. 하지만 그 릴스가 프로필 방문을 만들고, DM을 만들고, 문의를 만들고, 다음 기회를 만들기 시작하면 그건 더 이상 영상이 아니라 자산이 된다. 영리한 사람은 이 흐름을 본다.

이제는 '열심히'의 방향을 바꿔야 할 때

다시 말하지만, 나는 성실함을 무시하지 않는다. 오히려 성실함은 당신의 큰 장점일 수 있다. 문제는 성실함이 없어서가 아니라, 성실함이 돈이 되는 방향으로 배치되지 못한 것일 수 있다.

지금까지 열심히 살아온 사람이면 충분하다. 이제 필요한 건 더 독해지는 게 아니다. 더 일찍 일어나는 것도 아닐 수 있다. 더 많이 버티는 것도 아닐 수 있다. 필요한 건 딱 하나다.

내 열심히를 어디에 쓸지 다시 정하는 것.

회사에서의 열심히는 생존과 안정에 쓰고, 퇴근 후의 열심히는 자산과 확장에 쓰는 것. 남이 정해준 목표를 잘 수행하는 데만 쓰지 말고, 내 수익 구조를 만드는 데도 쓰는 것. 이렇게 열심히의 방향만 바뀌어도 인생의 체감이 달라진다.

당신은 이미 충분히 열심히 살았다

혹시 지금까지도 "내가 더 독해져야 하나?"라고 생각하고 있었다면, 이 장에서 그 생각을 잠깐 내려놨으면 좋겠다. 당신은 이미 충분히 열심히 살았을 가능성이 크다. 아마 이 책을 집어든 사람 대부분이 그럴 거다. 문제는 노력이 부족해서가 아니라, 결과로 이어지는 구조가 없었던 것일 수 있다.

그러니 이제부터는 이렇게 생각해보자. 나는 더 열심히 살아야 하는 사람이 아니라, 더 영리하게 설계해야 하는 사람이다. 이 마인드셋이 생기는 순간, 자책은 줄고 실행은 늘어난다. 실행이 늘면 데이터가 생기고, 방향이 보인다. 방향이 보이면 결과는 따라온다. 열심히가 당신을 여기까지 데려왔다면, 이제부터는 영리함이 당신을 다음 단계로 데려갈 차례다.

퇴사하지 마라,
회사는 최고의 현금망이다

인스타를 시작하면 이상하게 마음이 급해진다. 조금 반응이 오기 시작하면 빨리 키우고 싶고, 문의가 몇 번 들어오면 벌써 퇴사가 떠오르고, 주변에서 "이 정도면 나가도 되겠는데?" 한마디 하면 괜히 심장이 뛴다.

나도 그 마음을 모르는 건 아니다. 회사에서 힘들었던 날이 많을수록 더 그렇다. 출근길에 한숨 나오고, 상사 눈치 보고, 내 시간은 없고, 월급은 늘 빠듯하면 누구나 한 번쯤 생각한다.

"차라리 내 거 하면서 살고 싶다."

맞다. 그 마음 자체는 너무 자연스럽다. 그런데 직장인 N잡에서 제일 위험한 건 가난해서가 아니라 조급해서 무너지는 것이다. 그래서 이 말을 꼭 하고 싶다.

퇴사를 목표로 잡지 마라.
먼저 '수익 구조'를 목표로 잡아라.

퇴사는 결과일 수는 있어도, 전략의 출발점이 되면 안 된다.

✦ **회사는 '족쇄'가 아니라, 실패를 버티게 해주는 '현금망'이다**

많은 사람들이 회사와 사이드잡을 '둘 중 하나를 선택해야 하는 관계'로 본다. 그래서 인스타를 조금만 시작해도 마음이 급해진다. 빨리 키워야 할 것 같고, 빨리 벌어야 할 것 같고, 빨리 퇴사해야 할 것 같다.

그런데 이 마음이 오히려 독이다. 조급해지면 콘텐츠도 흔들리고, 계정도 흔들리고, 멘탈도 흔들린다. 조회수 하나에 기분이 출렁이고, 문의 하나 없으면 "역시 안 되나?" 하고 무너진다.

반대로 관점을 바꾸면 마음이 달라진다. 회사는 당장의 월급을 주는 곳, 내 콘텐츠는 미래의 수익 구조를 만드는 곳. 이렇게 보면 회사는 더 이상 내 가능성을 막는 장애물이 아니다. 오히려 내 실험을 가능하게 해주는 '현금망'이 된다.

월급이 있기 때문에, 생활비 걱정에 쫓기지 않고, 당장 성과가 안 나와도 버틸 수 있고, 내 페이스로 계정을 키울 시간이 생긴다. 직장인 N잡의 강점은 시간이 부족한 대신, 버틸 수 있는 현금흐름이 있다는 것이다. 그걸 약점처럼 보면 계속 불리하고, 무기처럼 보면 게임이 완전히 달라진다.

✦ 조용히 오래 가는 사람이 결국 이긴다

초반에 가장 많이 하는 실수가 있다. 아직 수익 구조가 안정되지 않았는데, 처음부터 사업가 모드로 달리는 것. 오늘 반응 좋았으니 이제 곧 될 것 같고, 누가 DM 한 번 보내면 큰 기회 온 것 같고, 팔로워 조금 늘면 금방 월천 갈 것 같은 마음 말이다.

이런 기대는 자연스럽지만, 직장인에겐 독이 될 수 있다. 왜냐하면 기대가 크면 실망도 커지고, 실망이 크면 꾸준함이 깨지기 때문이다. 그래서 초반에는 화려한 도약보다 조용한 누적이 더 중요하다. 회사 다니면서 남몰래, 조용히, 꾸준히 쌓는 사람. 바로 그 사람이 오래 간다.

이건 숨어서 하라는 뜻이 아니다. 눈치 보며 쫄아서 하라는 뜻도 아니다. 초반에는 남의 평가보다 내 콘텐츠 시스템을 먼저 세팅하라. 말이 많아질수록 실행이 줄어든다. 주변을 설득하려고 에너지 쓰기 시작하면, 정작 콘텐츠 만들 힘이 없다. 반대로 조용히 쌓으면, 어느 순간 결과가 먼저 말한다.

그리고 이때 회사는 아주 중요한 역할을 한다. 내가 흔들릴 때도 생활을 지탱해주고, 조급함을 눌러주고, 실험할 시간을 벌어준다. 직장인에게 회사는 "빨리 벗어나야 할 곳"이 아니라, 내 판이 커질 때까지 버텨주는 발판이다.

✦ 회사에서 얻는 건 월급만이 아니다

이걸 놓치면 너무 아깝다. 회사는 단순히 월급만 주는 곳이 아니다. 잘 보면 회사 생활에서 얻는 것도 많다.

- 마감 전 업무 완료
- 일정 관리
- 커뮤니케이션 능력
- 보고 / 정리 습관
- 문제 해결 방식
- 고객 관점으로 생각하는 습관

이건 나중에 계정 운영부터 릴스 대행, 협업 제안, 상담, 응대할 때 전부 자산이 된다. 많은 사람들이 회사 경력과 인스타를 따로 보는데, 사실 연결되는 부분이 엄청 많다. 회사에서 쌓은 성실함, 책임감, 정리력은 콘텐츠 시장에서 생각보다 강력한 경쟁력이 된다. 따라서 회사 다니는 시간을 "내 인생 낭비"라고만 보면 손해다. 그 시간을 '현금흐름을 확보해주는 내 부업 실험의 자본'으로 바라보는 순간, 의미가 완전히 달라진다.

✦ 퇴사에도 순서가 있다

퇴사 자체를 나쁘다고 생각하지 않는다. 나도 결국 퇴사했고, 내 길을 선택했다. 다만 순서가 중요하다고 생각한다. 퇴사는 감정으로 결정하면 흔들리고, 구조로 결정해야 오래 간다. 최소한 이 3가지 기준은 먼저 점검해야 한다.

1. 월급 외 수익이 '한 번'이 아니라 매달 반복되는가?
2. 내 수익이 특정 운빨 콘텐츠 1개에만 의존하지 않는가?
3. 생활비 / 고정비 기준으로 버틸 계획이 있는가?

이 질문에 답이 쌓일수록 퇴사는 불안한 도박이 아니라 전략이 된다. 핵심은 '빨리 나가는 사람'이 아니라, '나가도 안 무너지는 사람'이 되는 것이다.

✦ 회사는 버티는 곳이 아니라, 활용하는 곳

직장인이 부업을 시작할 때 꼭 필요한 마인드셋은 이것이다. 회사는 버티는 곳이 아니라, 내 N잡 도전을 가능하게 해주는 안전장치임을 명심하자. 이 관점 하나만 바뀌어도 마음이 훨씬 편해진다. 회사에서의 하루가 덜 억울해지고, 퇴근 후 1시간의 가치가 훨씬 커진다. 그 1시간은 단순한 부업 시간이 아니라, 내 두 번째 수익 구조를 만드는 시간이 되기 때문이다. 그러니 조급해하지 말자.

지금 당장 퇴사할 사람처럼 불안해하지 말고, 지금 당장 퇴사하지 않아도 되는 사람답게 영리하게 준비하자. 회사가 당신을 묶는 줄 알았는데, 잘 생각해보면 회사를 다니는 그 시간이 오히려 당신의 인생을 바꾸는 가장 안전한 구간이 될 수도 있다. 그리고 그때부터 당신은 '월급에 매달리는 사람'이 아니라, 월급을 발판으로 쓰는 사람이 된다.

여기까지 읽었다면 아마 느꼈을 것이다. 이 파트에서 내가 계속 말한 건 결국 하나다. 당신에게 부족한 건 의지가 아닐 가능성이 크다. 필요한 건 더 독한 마음이 아니라, 더 오래 가는 방식이다. 열심히의 방향을 바꾸고, 내 삶을 시스템으로 굴리는 마인드셋을 갖췄다면 이제 남은 건 하나다. "그래서 뭘 어떻게 만들 건데?" 하는 실전의 문제다. 많은 사람들이 여기서 다시 멈춘다.

"나는 영상 센스가 없는데…"
"릴스는 잘하는 사람만 하는 거 아닌가?"

나는 릴스는 커녕 영상 편집툴도 몰라서, 5시간 동안 낑낑대며 PPT로 영상을 만든 사람이었다. 그런 내가 지금은 릴스 대행사를 운영하고 있다. 영상 편집을 전혀 모르던 사람이, 이제는 영상으로 돈을 벌고, 영상을 만드는 일을 업으로 삼고 있다.

이건 내가 특별해서가 아니다. 편집 똥손도 쉽게 따라 할 수 있는 구조가, 릴스 안에 숨어 있기 때문이다. 다음 **PART 2**에서는 감각이 없어도, 장비가 없어도, 시간이 없어도 굴러가는 릴스 제작 시스템을 이야기해보려 한다. 콘텐츠에서 가장 중요한 건 센스가 아니라, 누구나 따라 할 수 있는 정해진 구조다.

PART 2

‘꿈꾸기보다 구름,

극새 굴

크궁움

"나는 센스가 없어서 릴스를 못 만든다."

초보가 가장 많이 하는 착각이 바로 이거다. 그런데 해보면서 알게 됐다. 진짜 문제는 센스가 아니었다. 문제는 처음부터 '새로운 것'을 만들려고 드는 마음이었다.

초보일수록 이상하게 어깨에 힘이 들어간다. "남들이 안 하는 걸 해야지", "완전히 내 스타일로 해야지". 결과는 대부분 비슷하다. 시작도 못 하거나, 하나 만들고 지친다. 초보는 아직 내 스타일이 없기 때문이다. 스타일은 처음부터 나오는 게 아니라, 많이 보고 많이 따라 해보는 과정에서 생긴다. 그러니까 초보가 제일 먼저 버려야 할 건 "창의성 부족"에 대한 열등감이 아니라, 처음부터 독창적이어야 한다는 강박이다.

초보의 시작은 창작이 아니라 관찰이다

나는 릴스는 커녕 인스타 어플조차 없던 사람이었다. 영상 편집은 말할 것도 없고, 콘텐츠를 만들어본 경험 자체가 없었다. 인스타로 돈을 벌 수 있다는 지인의 말 한마디. 그리고 인스타로 빚 한 번 갚아보겠다는 그 절박함 하나로 시작했다.

당연히 막막했다. 뭘 올려야 하는지, 어떻게 만들어야 하는지, 아무것도 몰랐다. 그때 내가 제일 먼저 한 건, 대단한 기획이 아니었다. 그냥 보는 일이었다. 남들은 뭘 올리는지, 어떤 영상이 많이 보이는지, 사람들은 어디에서 멈추는지. 말 그대로 시장조사였다.

인스타에 뜨는 콘텐츠 대부분은 이미 알고리즘이 검증한 결과물이다. 수많은 영상 중에서 살아남아, 지금 내 눈앞까지 올라온 콘텐츠들이다. 다시 말해, 돈 주고 배워야 할 레퍼런스가 공짜로 깔려 있는 셈이다. 초보는 여기서 겁먹을 필요가 없다. 오히려 이렇게 생각해야 한다.

"대박…! 이미 잘 된 우수 답안지가 이렇게나 많네."

처음부터 잘 만들 필요는 없다. 이미 잘된 것을 이해하는 것, 그게 시작이다.

100만 뷰 터진 남의 릴스랑 비교하지 마라

초보가 두 번째로 망하는 순간은, 시작도 하기 전에 비교부터 할 때다. 첫 영상 하나 올리려는 사람이, 비교 대상은 이미 몇 년째 콘텐츠를 만들어온 100만 크리에이터다. 조회수, 편집, 감각, 모든 게 달라 보인다. 그 순간, 사람은 시작하기도 전에 진 기분이 든다.

하지만 그건 재능의 문제가 아니다. 비교 대상이 잘못된 것이다. 처음 운전대를 잡은 사람이, F1 선수를 보고 좌절하는 것과 같다. 애초에 같은 출발선이 아니다. 초보는 사람을 따라잡으려고 하면 안 된다. 대신, 구조를 따라 익혀야 한다.

- 첫 2초에 어떤 문장으로 시선을 멈추게 했는지
- 자막을 길게 쓰는지 짧게 끊는지

이건 카피가 아니다. 벤치마킹이다. 카피는 결과물을 그대로 베끼는 거고, 벤치마킹은 잘된 결과물의 원리와 구조를 가져와 내 주제로 다시 만드는 것이다. 초보에게 필요한 건 센스가 아니라, 관찰력이다.

처음엔 비슷해 보여도 괜찮다. 오히려 초반에는 같은 결로 가는 게 유리할 때가 많다. 사람들은 이미 익숙하게 소비하던 형식 안에서 새로운 계정을 받아들이기 때문이다. 처음부터 이상하게 튀려고 하지 말고, 시장에서 이미 먹히는 결을 이해하는 게 먼저다.

독창성은 나중에 붙이면 된다. 처음엔 말투 하나, 자막 한 줄, 예시 드는 방식 하나만 내 식으로 바꿔도 충분하다. 그 작은 차이가 쌓이면서 나만의 색이 된다. 잘된 콘텐츠를 보고, 구조를 배우고, 내 주제로 따라 만들어라. 베끼는 게 아니라 가장 정확한 학습법, 그게 바로 벤치마킹이다.

"요즘 너무 정신없네… 이 일만 정리되면 시작해야지."

이 말이 반복되고 있다면, 당신은 게으른 게 아니다. 지금 방식이 너무 벅차기 때문이다. 돈을 더 벌고 싶은 마음은 진짜인데, 블로그는 힘들고 유튜브는 어려워, 뭘 시작하든 시작 전에 지치는 느낌. 직장인이라면 너무 익숙한 감각이다. 퇴근 후의 현실은 '열정'보다 '잔여 체력'이 더 중요하기 때문이다.

그래서 나는 늘 현실부터 본다. 지금 내 삶에서 가장 빨리 시작할 수 있는 것, 가장 적은 에너지로도 반복 가능한 것, 그리고 반응을 빨리 확인할 수 있는 것. 많은 사람들이 "어떤 플랫폼이 제일 좋냐"를 먼저 묻는다. 그런데 직장인에게 더 중요한 질문은 따로 있다.

"어떤 플랫폼을 내가 포기하지 않고 계속할 수 있는가?"

나는 그 질문을 받을 때마다, 가장 먼저 '릴스'라고 답한다. 물론 누구에게나 무조건 맞는 최고의 플랫폼 같은 건 없다. 중요한 건 남들이 좋다는 플랫폼이 아니라, 지금 내 체력으로 시작할 수 있는 플랫폼이다. 릴스는 최소 3초에서 최대 90초. 부담 없이 만들 수 있는 짧은 영상이다. 이 '짧다'는 특성이 초보자에게는 결정적인 장점이 된다.

릴스는 시작장벽이 없다

초보에게 필요한 건 한 번에 잘 만드는 능력이 아니다. 여러 번 만들어보고, 여러 번 틀려보고, 여러 번 수정할 수 있는 가벼운 구조다. 릴스는 그게 가능하다. 릴스의 진짜 장점은 길이가 아니라, 학습 속도에 있다. 하나 만들고, 올려보고, 반응을 확인하고, 다음 영상에서 바로 바꿔본다. 이 과정이 빠르게 반복된다. 이 짧은 반복이 실력을 만든다.

실력은 강의를 많이 듣는다고 생기지 않는다. 직접 올려보고, 사람들이 어디에서 멈추고, 어디에서 넘기는지 보면서 생긴다. 나도 처음부터 감각 있게 민든 사람이 아니었다. 인스타를 잘 알던 사람도 아니었고, 영상 편집을 배운 적도 없었다.

그냥 매일 하나씩 만들어봤다. 반응이 없으면 바꿨고, 반응이 있으면 그 방식을 반복했다. 그 단순한 반복이 감을 만들었다. 처음부터 잘했던 게 아니다. 짧은 포맷 덕분에, 빨리 배울 수 있었을 뿐이다. 릴스는 잘하는 사람이 시작하는 콘텐츠가 아니라, 시작하면서 잘하게 되는 극강의 효율을 자랑하는 콘텐츠다.

2026 온라인 수익화 시작점 : 릴스

물론 릴스를 올린다고 해서, 당장 통장에 돈이 떨어지지는 않는다. 영상 하나 올렸다고 다음 날 바로 수익이 생기는 구조가 아니다. 그럼에도 불구하고 내가 릴스를 "수익화 지름길"이라고 말하는 이유는, 릴스가 돈으로 이어지는 흐름의 시작을 가장 빠르게 만들어주기 때문이다.

수익은 생각보다 단순한 순서로 만들어진다.

알게 되고 → 믿게 되고 → 결국 사게 된다

먼저 사람들이 나를 알아야 한다. 존재를 알아야 관심이 생긴다. 관심이 생겨야 신뢰가 쌓이고, 신뢰가 쌓여야 비로소 문의와 결제로 이어진다. 많은 사람들이 여기까지 가지도 못한 채 멈춘다. 실력이 부족해서가 아니라, 아무도 모르기 때문이다.

릴스는 단순한 짧은 영상이 아니다. 나와 고객을 연결하는 입구다. 입구가 있어야 사람이 들어온다. 입구가 없으면, 아무리 좋은 내용도, 아무리 좋은 상품도 존재하지 않는 것과 같다. 알 방법이 없기 때문이다. 많은 사람들이 콘텐츠를 소비만 하지, 만들지 않는다. 그래서 아무 일도 일어나지 않는다.

릴스는 그 입구를 가장 빠르게 만들어준다. 처음 보는 사람이 나를 알게 되고, 관심을 갖고, 결국 나를 찾아오게 만드는 시작점이다. 그래서 나는 릴스를 단순한 콘텐츠가 아니라, 나와 고객을 연결하는 가장 빠른 통로라고 생각한다. 그 입구 하나가 열리는 순간, 그전까지와는 전혀 다른 흐름이 시작된다.

"릴스가 좋은 건 알겠어요.
근데 저는 편집을 아예 못하는데요?"

여기서 많은 사람이 다시 멈춘다. 나도 딱 그랬다. 인스타 감성에 밝은 사람도 아니었고, 릴스를 즐겨 보던 사람도 아니었다. 그래서 막막했다. 도대체 뭘 찍어야 하는지, 뭘 올려야 하는지, 어떻게 만들어야 하는지 감이 없었다.

그런데 해보면서 알게 됐다. 초보가 릴스를 못 만드는 진짜 이유는 편집 실력 부족이 아니라, 편집을 너무 거창하게 생각하는 착각이라는 걸. 초보일 때 편집을 '작품 만드는 기술'처럼 생각한다. 그래서 괜히 겁부터 난다. 뭔가 대단한 효과를 넣어야 할 것 같고, 영상이 세련돼야 할 것 같고, 감각 있어 보여야 할 것 같았다. 하지만 돈이 되는 릴스를 만들면서 느낀 건 완전히 달랐다. 필요한 건 고급기술도, 영화 같은 연출도 아니었다. 생각보다 훨씬 간단한 것들이었다.

- 쓸데없는 부분 자르기
- 자막 잘보이게 넣기
- 속도 조금 빠르게 조절하기

정말 초반엔 이 정도면 충분했다. 편집은 '감각'보다 '정리'에 가깝다. 많은 사람들이 편집을 예술처럼 생각한다. 나도 그랬다. "나는 감각이 없어서 안 되겠다"라고 먼저 결론냈다. 그런데 막상 해보니 편집은 '감각'보다 '전달'이 더 중요했다. 내가 전하려는 말을 사람들이 이해하기 쉽게 배치하는 것 말이다.

- 불필요한 침묵(무음 구간)을 자르는 것
- 핵심 문장을 앞에 놓는 것
- 자막이 잘 읽히게 배치하는 것

이건 타고난 센스의 영역이라기보다, 전달의 영역이었다. 그래서 편집 경험 0이어도 충분히 사람들이 반응하는 릴스들을 빠르게 만들 수 있었다.

오히려 초보 때 가장 많이 하는 실수는 화려하게 만들려고 힘을 주는 거다. 효과 넣고, 전환 넣고, 폰트 꾸미는 데 시간을 다 써버리면 정작 중요한 걸 놓친다. 사람들이 영상을 끝까지 보는 이유는 대개, 화려함보다 이해가 잘 되는 흐름 때문이다.

사람들이 보는 건 편집 기술보다 '메시지'다

릴스를 보다 보면, 우리만 혼자 겁을 먹을 때가 있다.

"와, 이 사람은 편집 너무 잘한다."
"나는 저 정도 못하는데…"

그런데 시청자 입장에서 보면, 반응 포인트는 전혀 다른 곳에 있다. 나도 처음에는 감성 문구를 넣어보고, 일상적인 분위기를 담아보고, 뭔가 있어 보이는 영상을 만들어보려고 했다. 보기에는 그럴듯했지만, 반응은 생각보다 크지 않았다. 그때 조금씩 깨달았다. 사람들이 내 영상에서 찾는 건 "이 사람이 얼마나 감각적인가"

보다, "그래서 나한테 뭐가 도움이 되는가"라는 걸.

그 순간부터 콘텐츠를 만드는 기준이 완전히 바뀌었다. 영상이 얼마나 멋있는지가 아니라, 무엇을 전달할 것인가를 먼저 고민하게 됐다. 메시지가 선명해지자, 편집은 오히려 더 단순해졌다. 불필요한 효과를 줄이고, 전달에 집중하게 됐다.

한 번 힘줘서 만든 영상은 뿌듯하다. 하지만 다음 날 또 만들 수 있느냐는 전혀 다른 문제다. 부담되는 편집은 오래 가지 못한다. 특히 직장인에게는 더 그렇다. 하루 이틀은 가능해도, 계속 반복하기는 어렵다. 우리가 필요한 건 한 편의 역작이 아니라, 퇴근 후에도 돌아가는 제작 방식이다.

- 복잡한 효과보다 단순한 컷 편집
- 화려함보다 분명한 전달력

결국 사람들은 편집을 기억하는 게 아니라, 10초짜리 짧은 영상 안에 담긴 메시지를 기억한다. 편집은 완벽하게 배우고 시작하는 것이 아니라, 올리면서 익히는 것이다. 그리고 그 과정에서, 나만의 방식이 만들어진다.

릴스 2,000개 넘게 올리고 나서야 알게 된 것

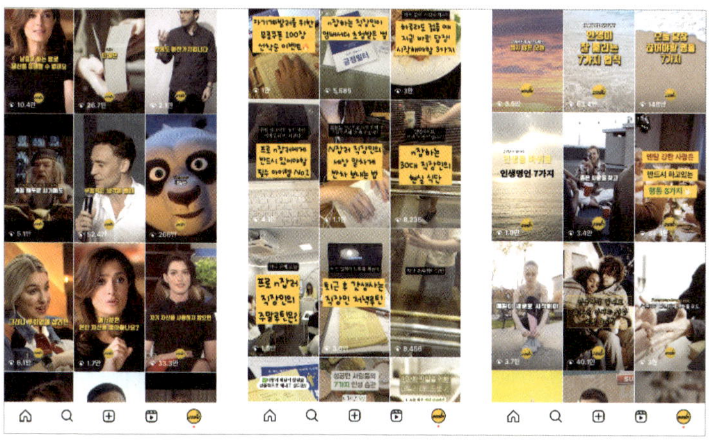

릴스 1개를 시작으로, 2,000개 넘는 릴스 제작

많은 사람들이 편집을 배우려 할 때, "잘 편집하는 법"부터 찾는다. 어떤 효과를 써야 하는지, 어떤 전환이 자연스러운지, 어떤 편집이 더 있어 보이는지부터 고민한다. 그런데 초보에게 먼저 필요한 건 그게 아니다. 릴스는 완벽한 사람보다, 반복하는 사람에게 더 많은 기회를 준다. 편집 경험이 전혀 없어도 가능한 이유는, 릴스가 천재의 영역이 아니라 반복하는 사람의 영역이기 때문이다.

나 역시 릴스를 한 번도 만들어본 적 없는 상태에서 시작했다. 편집을 배운 적도 없었고, 감각이 있는 사람도 아니었다. 그저 하나씩 만들어 올렸다. 어느 순간 돌아보니, 2,000개가 넘는 릴스를 만들었다. 처음에는 하나 만드는 데 몇 시간이 걸렸지만, 반복하면서 점점 빨라졌다. 따로 공부해서 익힌 게 아니라, 반복하는 과정에서 자연스럽게 체화됐다.

편집은 배우고 시작하는 게 아니라, 반복하면서 익히는 것이다. 그러니 지금 필요한 건 자신감이 아니라, 첫 반복이다. 대단한 효과가 없어도 된다. 완벽하지 않아도 괜찮다. 일단 10초짜리 릴스 하나만 만들어보자. 편집은 시작 전에 배우는 게 아니라, 올리면서 배우는 거다.

나는 ISFP다. 집순이고, 침대 밖은 위험하다고 믿는 사람이다. 지금도 침대에서 빈둥거리는 걸 힐링으로 삼는다. 그래서 누군가 성공하려면 새벽 5시에 일어나야 한다고 말할 때마다 마음 한켠이 답답했다. 물론 그런 방식이 맞는 사람도 있다.

하지만 나는 아니었다. 내 체질도, 내 성향도, 내 일상도 그쪽이 아니었다. 나는 퇴근하면 기운이 빠졌고, 집에 오면 누워야 회복되는 사람이었다. 그런데 지금 돌이켜보면, 내가 인스타 릴스를 내 업으로 만들 수 있었던 이유가 오히려 거기에 있었는지도 모르겠다.

나는 '갓생형 인간'이 아니다. 갓생 살지 않고도 오래할 수 있는 방식을 찾았고, 그 방식이 누워서도 만들 수 있는 릴스였다. 릴스의 진짜 장점은 대단한 장비가 있어서 되는 일이 아니라, 지금 내 생활 안에서 바로 굴릴 수 있는 구조라는 것이다.

이번생에 편집은 처음이라서요

당연히 처음부터 잘했을리가… 정말 허접하게 시작했다. 처음엔 5시간 낑낑대며 PPT로 겨우 하나 만들 정도였다. 지금 보면 웃음이 나올 만큼 투박했다. 그때의 나는 왕초보였기 때문에 퀄리티까지 신경쓸 겨를이 없었다. "일단 만들어서 올리는 것"이 내 최선의 전략이었다. 그렇게 올리면서 감을 익혔다. 하나씩 해보면서, '아, 이런 거에 사람들이 반응하는구나. 이런 흐름이 더 잘 먹히는구나.'를 몸으로 배우기 시작했다.

많은 사람들이 릴스를 어려운 영상 제작으로 생각한다. 하지만 내가 해보니 릴스는 오히려 반대였다. 특히 요즘은 편집을 한 번도 안 해본 사람도 바로 시작할 수 있게 도와주는 앱들이 정말 많다. 그리고 그중에서 내가 가장 많이 쓰는 게 캡컷CapCut이다.

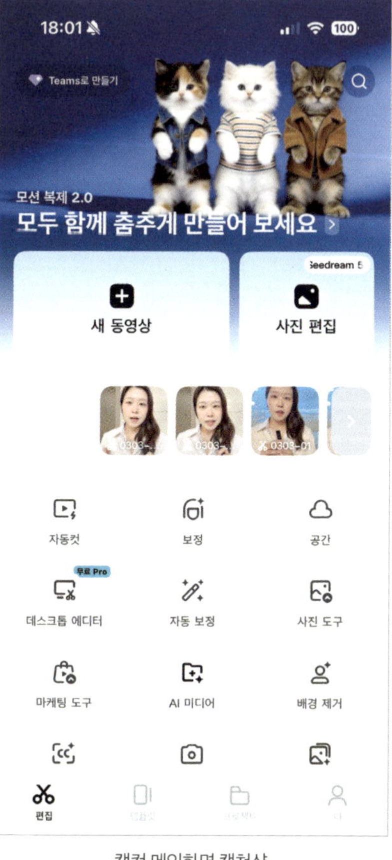

캡컷 메인화면 캡쳐샷

이유는 단순하다. 편집을 한 번도 안해본 일반인들이 가장 사용하기 쉽기 때문이다.

캡컷은 모바일 버전도 있고, PC 버전도 있다. 무료로도 충분히 시작할 수 있고, 출퇴근길에는 어플로 편집하고, 집에 와서는 침대에 누워서도 만들 수 있다. 실제로 내 편집 루틴이었다. 이게 별

거 아닌 것 같지만 콘텐츠 만드는데 최고의 루틴이다.

폰으로 침대에서도, 잠깐의 자투리 시간에도 이어서 할 수 있는 일은 생각보다 오래 간다. 나는 릴스가 그래서 좋았다. 내 성향을 억지로 바꾸지 않아도 됐다. 부지런한 사람처럼 살지 않아도, 내 방식대로 계속 만들 수 있었다. 이게 결국 소소한 부수익으로 이어지고, 나중에는 퇴사 후 내 메인 비즈니스로까지 확장됐다.

중요한 건 이걸 "내가 특별히 잘해서"라고 착각하면 안 된다는 거다. 물론 꾸준히 만들고 연구하는 노력은 필요했다. 하지만 그보다 더 큰 이유는 릴스를 만드는 환경 자체가 자유롭다는 데 있었다. 시간도 비교적 자유롭고, 장소도 자유롭고, 장비도 가볍다. 이 자유도가 높은 구조 덕분에 직장인이 시작하기 좋고, 성향이 느슨한 사람도 오래 붙들 수 있다.

나는 이걸 되게 중요하게 본다. 성공 방식이 내 성향과 안 맞으면 오래 못 간다. 반대로 성향에 맞는 구조를 찾으면, 남들 눈엔 게으르게 보여도 결과가 난다. 그래서 나는 종종 이렇게 말한다. 갓생 없이도 시작할 수 있는 수익화 시작점이 바로 릴스라고. 새벽기상 없이도, 거창한 장비 없이도, 스튜디오 없이도 가능하다. 퇴근 후 침대에서 폰 하나로 시작해도 된다.

물론 "침대에서 한다"는 말이 대충 하라는 뜻은 아니다. 오히려 반대다. 장소는 편하게, 기준은 똑똑하게 가져가야 한다. 그래서 나는 캡컷을 설치한 뒤 가장 먼저 기본 세팅부터 잡는 걸 추천한다. 이 세팅만 해도 편집 시간과 스트레스가 확 줄어든다. 초보일수록 더 그렇다.

편집시간 절반 줄이는 캡컷 기본 세팅 5가지

편집 실력보다 먼저, '안 귀찮게 만드는 세팅'부터 하자. 초보가 편집을 오래 못 하는 이유는 실력이 부족해서가 아니다. 매번 쓸데없는 작업에 에너지를 빼앗기기 때문이다.

편집 끝났는데 캡컷 엔딩이 자동으로 붙어 있고, 화질은 뿌옇고, 노트북은 버벅이고, 화면은 작아서 자막 오탈자도 안 보이고, 컷편집은 마우스로 하나씩 클릭하고 있으면…

그건 센스 문제가 아니라 기본 세팅 문제다.

캡컷은 왕초보에게 안성맞춤 앱이다. 특히 직장인이 퇴근 후 침대에서 폰으로 만들고, 필요하면 PC로 이어서 작업하기에 정말 좋다. 다만 처음에 딱 한 번만 세팅해두면, 편집 시간과 피로도가 확 줄어드는 기본값들이 있다. 아래 5가지는 내가 실제로 가장 먼저 추천하는 세팅이다.

1. 캡컷 엔딩 자동추가부터 끄자(모바일용)

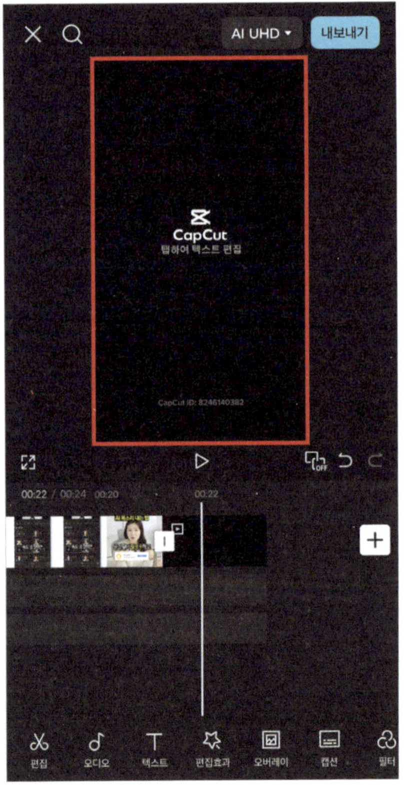

캡컷 엔딩화면 캡쳐샷

유튜브, 인스타, 틱톡을 보다 보면 한 번쯤 본 적 있을 것이다. 영상 맨 마지막에 붙는 캡컷 엔딩 화면. 캡컷이 자기 앱을 홍보하는 기본 엔딩이다.

문제는 초보자들이 이걸 모르고 그대로 내보내는 경우가 생각보다 많다는 것이다. 편집 다 끝내고 업로드까지 했는데, 맨 뒤에 캡컷 엔딩이 붙어 있으면 솔직히 좀 허무하다. 영상 퀄리티와 상관없이 '초보 티'가 나는 포인트가 되기도 한다.

이건 편집 실력으로 해결할 문제가 아니다. 처음부터 자동 엔딩 추가를 꺼두면 끝이다. 한 번만 꺼두면 매번 마지막 화면 지우는 귀찮음이 사라진다. 작은 설정 같지만, 이런 디테일이 쌓이면 작업 피로도가 크게 줄어든다.

2) 릴스 화질은 1080P면 충분하다(모바일용)

숏폼 영상에서 화질이 흐리면 어떤 느낌이 드는가? 보는 사람 입장에서는 바로 이런 생각이 든다.

- 로딩 중인 건가?
- 전문성이 없어 보이네
- 남의 영상 퍼온건가?

아무리 내용이 좋아도, 첫인상에서 손해를 본다. 그래서 화질은 '있으면 좋은 옵션'이 아니라 기본값이다. 여기서 중요한 건 오

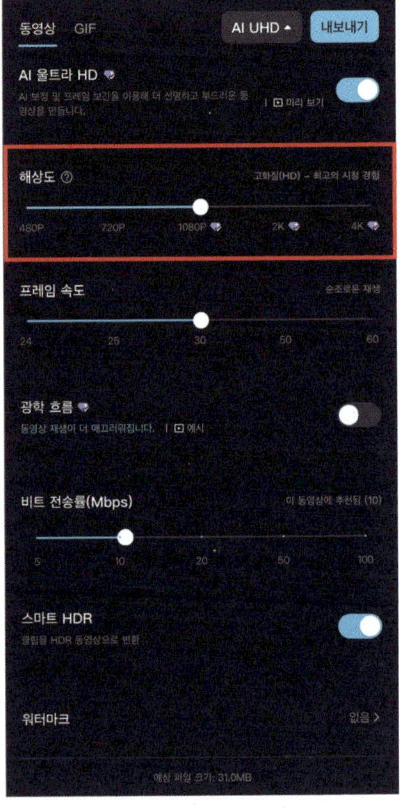

캡컷 1080P 세팅 값 화면 캡쳐샷

해 하나를 푸는 것이다. 고화질 = 무조건 4K가 아니다.

릴스는 1080P로 내보내는 것만으로도 충분히 선명하다. 오히려 초보가 무조건 4K로 내보내면 파일 용량만 커지고, 업로드 과정에서 인스타가 압축하면서 화질이 깨지거나 우는 경우가 생길 수 있다. 핵심은 "최고 사양"이 아니라 플랫폼에 맞는 안정적인 화질이다. 릴스는 레거시미디어급 퀄리티 싸움이 아니라, 전달력 싸움이다. 그 전달력을 망치지 않기 위해서라도 내보내기 설정은 꼭 체크하자.

3) 5년된 노트북으로도 버벅임 없이 편집하는 법 (PC용)

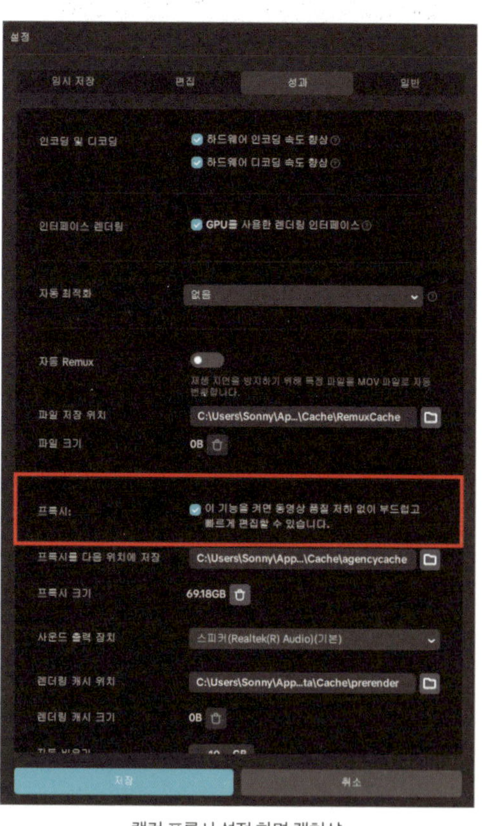

캡컷 프록시 설정 화면 캡쳐샷

캡컷의 큰 장점 중 하나는 모바일 버전과 PC 버전이 모두 있다는 점이다. 출퇴근길에는 폰으로, 집에서는 큰 화면 PC로 이어서 작업하기 좋다.

문제는 여기서 생긴다. 노트북 성능이 낮거나 오래됐으면, 영상 편집만 시작해도 갑자기 버벅이기 시작한다. 그러면 바로 또 이런 생각이 든다.

"역시 장비가 좋아야 하나…"
"나는 시작도 못 하겠네…"

이 문제를 해결해주는 기능이 있다. 바로 '프록시 설정'이다. 프록시 설정은 쉽게 말해, 편집할 때만 가벼운 버전으로 작업하게 해주는 기능이다. 최종 완성본 화질은 유지하면서, 작업 중에는 용량 부담을 주기에 버벅임과 팅김을 줄여준다.

나도 5년된 오래된 노트북을 쓸 때 이 설정의 도움을 많이 받았다. 릴스는 원래 짧은 영상이라 장편 영상보다 훨씬 부담이 적은 편인데, 프록시까지 켜두면 체감이 확 달라진다. 여기서 중요한 마인드셋이 하나 있다. 장비 업그레이드보다 작업 방식 최적화가 먼저라는 것. 괜히 비싼 장비부터 사기 전에, 캡컷 안에 이미 있는 기능부터 써먹자.

4) 큰 화면으로 편집하면서, 왜 화면은 작게 보고 있나요?(PC용)

(위) 캡컷 미리보기 기본화면 캡쳐샷 → (아래) 캡컷 미리보기 크게 수정한 화면 캡쳐샷

PC로 편집하는 이유는 단순하다. 모바일보다 더 크게, 더 편하게 보려고 하는 것이다. 그런데 캡컷 PC 기본 설정 상태로 쓰면, 의외로 미리보기 화면이 작다고 느끼는 사람이 많다. 그러면 큰 화면 장점을 제대로 못 쓰게 된다.

이럴 때는 작업화면 레이아웃을 조금만 손보면 된다. 미리보기 화면을 더 크게 보이게 세팅하면, 영상 흐름 확인은 물론이고 자막 오탈자 체크도 훨씬 편해진다.

특히 텍스트 중심 릴스를 많이 만드는 사람에게는 이 차이가 크다. 글씨가 작게 보이면 놓치는 오타가 많아지고, 그게 쌓이면 영상 완성도가 떨어진다. 편집을 잘하는 사람은 꼭 손이 빠른 사람만이 아니다. 내가 실수하지 않게 화면을 세팅하는 사람이기도 하다.

5) 세팅 한 번 잘해둔 단축키가 편집 속도를 바꾼다(PC용)

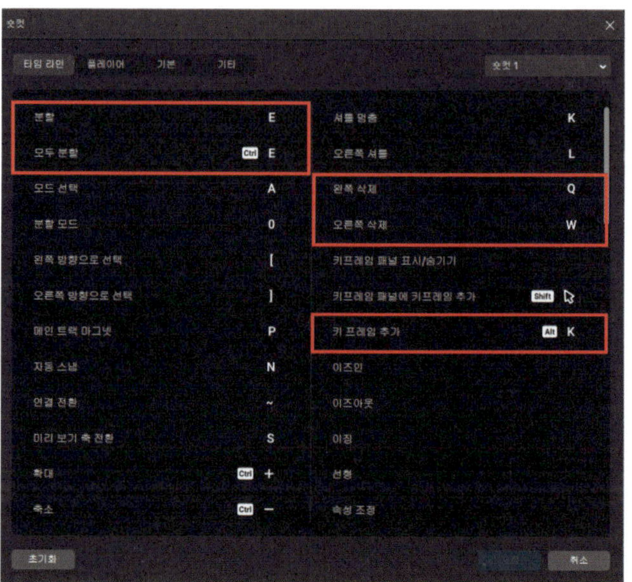

단축키 화면 캡쳐샷

릴스 편집에서 가장 많이 하는 작업은 무엇일까? 거의 대부분 컷편집이다. 짧은 영상들을 붙이고, 자르고, 템포를 맞추는 작업이 반복된다. 그런데 이걸 매번 마우스로 클릭해서 처리하면, 생각보다 공수가 많이 든다. 영상 길이는 짧은데 사람은 금방 지친다.

그래서 초보일수록 단축키를 빨리 익히는 게 좋다. 모든 단축키를 외울 필요는 없다. 자주 쓰는 것 몇 개만 먼저 익혀도 작업 속도가 확 달라진다.

이건 게임할 때 키 설정하는 것과 비슷하다. 처음엔 어색하지만, 손에 익으면 훨씬 빠르고 편해진다. 특히 컷편집 단축키 하나만 제대로 잡아도 "편집이 2배 쉬워지는 느낌"이 바로 온다.

결국 편집은 의지의 문제가 아니라, 반복 작업을 얼마나 덜 힘들게 만드느냐의 문제다. 단축키는 그걸 해결해주는 가장 쉬운 방법 중 하나다.

왕초보용 캡컷 세팅, 따라 하면 바로 끝난다

이 장에서는 핵심 원리와 꼭 필요한 설정만 압축해서 다뤘다.

다만 실제 적용 단계에서는 버튼 위치나 설정 경로가 헷갈릴 수 있다. 실제로 해보면 "어디 눌러요?", "설정 위치가 어디예요?" 같은 질문이 바로 생긴다.

캡컷 기본 세팅 튜토리얼 영상

그래서 캡컷 설치 방법부터 편집 시간을 절반으로 줄여주는 기본 세팅 5가지까지, 왕초보도 그대로 따라할 수 있게 더 디테일한 버전으로 정리해두었다. 아래 QR코드를 찍어서 보면서 따라하면 훨씬 빠르게 세팅할 수 있다. 초반 세팅만 제대로 해두면, 이후 편집 속도가 눈에 띄게 달라질 것이다.

100% 부지런해야만 잘된다는 착각

나는 대단히 부지런한 사람이어서 릴스로 돈을 번 게 아니다. 오히려 집순이고, 침대에서 빈둥거리는 걸 좋아하는 사람이었다. 그래서 더더욱 내 성향으로도 계속할 수 있는 방식을 찾아야 했다.

릴스는 그게 가능했다. 폰으로도 되고, 침대에서도 되고, 출퇴근길에도 되고, 자투리 시간에도 된다. 편집어플인 캡컷은 그 릴스를 가장 쉽게 시작하게 해주는 도구였다.

"나는 부지런하지 않아서 안 될 것 같다"는 생각은 잠깐 내려 놔도 된다. 성공하는 사람은 꼭 성향이 완벽한 사람이 아니라, 자기 성향에 맞는 시스템을 찾은 사람인 경우가 많다. 내가 그랬듯이, 당신도 그럴 수 있다.

"저는 열심히 만들었는데 왜 안 뜰까요?"

릴스를 시작한 분들이 정말 많이 하는 질문이다. 그런데 대부분은 편집 실력이 부족해서 안 뜨는 게 아니다. 처음부터 기준을 잘못 잡고 만들어서 안 뜨는 경우가 더 많다. 정성 들이면 잘될 줄 알고, 길게 설명하면 친절한 콘텐츠가 될 줄 알고, 예쁘게 만들면 반응이 좋을 줄 안다. 나도 처음엔 그렇게 생각했다. 그런데 릴스는 의외로 그 반대로 움직일 때가 많다.

릴스에서 이기는 건 '열심히 만든 콘텐츠'가 아니라, 사람을 멈추게 만드는 콘텐츠다. 그래서 지금부터 말할 5가지는 '조회수 잘 나오는 꼼수'가 아니라, 많은 사람들이 반대로 알고 있는 '릴스의 숨겨진 진실'이다. 이걸 모르고 시작하면 열심히 해도 헛수고가 되고, 이걸 알고 만들면 같은 시간으로도 반응이 달라진다. 전부 한 번에 바꾸려 하지 말고, 하나씩만 적용해도 반응이 달라질 수 있다.

진실 1. 설명하지 말고, 결과부터 말하기
영상 첫 2초에 결과부터 보여줘라.

릴스는 시작이 거의 전부다. 조금 과장하면, 첫 2초에서 절반 이상 결정난다. 사람들은 이유를 보려고 멈추는 게 아니다. "그래서 결과가 뭔데?"가 궁금해서 멈춘다. 초보가 자주 하는 시작은 이런 식이다.

"오늘은 릴스 조회수 올리는 방법을 알려드릴게요."

"오늘은 제가 해본 방법을 소개해드릴게요."

나쁜 말은 아니다. 문제는 릴스 기준으로 너무 느리다는 거다. 친절한 도입이 오히려 스킵 버튼이 되는 경우가 많다. 반대로 잘 멈추는 시작은 결과가 먼저 나온다.

"이거 하나 바꿨더니 조회수 10배 올랐습니다."

"이 세팅 안 해서 조회수 반토막 난 사람 많습니다."

이렇게 결과를 먼저 던지면 사람 머릿속에 질문이 생긴다.

"뭘 바꿨는데?"

"나도 적용되나?"

"어떻게 한 건데?"

릴스는 결국 이 질문을 만드는 게임이다. 내가 콘텐츠 만들 때 가장 오래 붙잡는 것도 첫 문장이다. 뒤 내용이 아무리 좋아도, 첫 줄이 약하면 거기까지 못 온다. 초보일수록 편집 기술보다 먼저 첫 문장 힘부터 키워야 한다.

진실 2. 길수록 좋은 게 아니라, 끝까지 볼수록 좋다

초보일수록 짧고 강하게 만들어라.

초보일수록 이런 생각을 많이 한다.

"길게 알려줘야 성의 있어 보이지 않을까?"
"정보가 많아야 더 잘 뜨지 않을까?"

나도 그랬다. 많이 알려줘야 좋은 콘텐츠 같고, 길게 설명해야 친절한 사람처럼 느껴졌다. 그런데 중요한 건 길이가 아니라 완주율(끝까지 보는 비율)이다. 아무리 내용이 좋아도 중간에 다 나가버리면 확산이 약하다. 반대로 짧아도 끝까지 보게 만들면 훨씬 유리하다. 예를 들어 초반에는 이런 감각으로 보면 된다.

7초 영상: 끝까지 볼 확률 높음
VS
30초 영상: 중간 이탈 확률 높음

물론 30초 이상 영상도 잘될 수 있다. 그런데 초보가 처음부터 긴 영상만 만들면 보통 세 가지가 같이 온다.

1. 내용 늘어짐

2. 편집 시간 과다

3. 시청자 이탈 증가

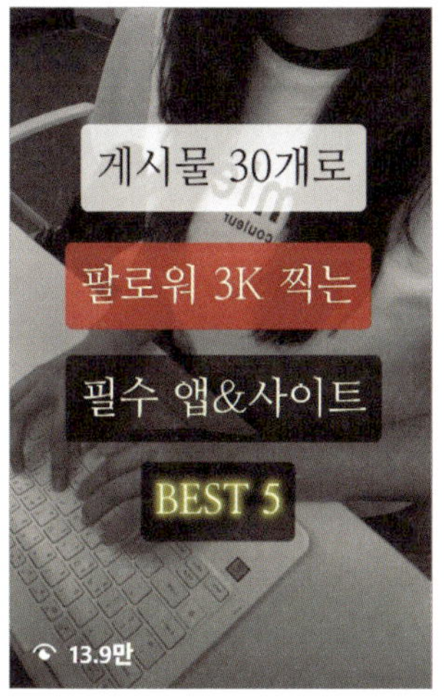

그래서 나는 초보에게 오히려 5~10초짜리 짧은 영상을 많이 만들어보라고 말한다. 이게 쉬워 보여도 훈련이 엄청 잘 된다. 짧은 영상의 장점은 조회수만이 아니다.

- 만드는 부담이 적다

- 핵심만 말하는 힘이 생긴다

짧게 만드는 건 "날먹"이 아니라 성장 속도를 올리는 전략이다.

☑ 처음엔 5~10초짜리 영상부터 시작하기
☑ 한 영상에 메시지 1개만 넣기
☑ "다 설명해야지"보다 "궁금하게 만들자" 기준으로 만들기

진실 3. 장비보다 전달력이 먼저다

스마트폰이면 충분하다

초보가 릴스 시작 전에 제일 많이 검색하는 것 중 하나가 장비다.

"카메라 뭐 써요?"

"조명 있어야 해요?"

"마이크부터 사야 하나요?"

틀린 질문은 아니다. 그런데 초보가 하기엔 순서가 틀렸다. 릴스 초반에 더 중요한 건 장비가 아니라 전달력이다. 사람들이 멈

추는 이유는 카메라 스펙보다 이런 데서 나온다.

"어? 이거 내 얘기인데?"

"이거 저장해야겠다."

"이건 나도 써먹을 수 있겠다."

이 반응은 대부분 영상 첫 인트로에서부터 시작된다. 실제로 잘 터지는 영상 중에는 스마트폰으로 찍은 영상이 정말 많다. 오히려 너무 공들인 영상보다, 폰으로 찍었더라도 메시지가 선명한 영상이 더 잘 먹히는 경우도 많다. 릴스는 영화제가 아니라 후킹(시선을 홀리게 만드는) 경쟁이기 때문이다. 초반에 장비 쇼핑부터 시작하면, 돈도 쓰고 시간도 쓰고 정작 업로드는 늦어진다. 그 늪에 빠지지 않는 게 중요하다.

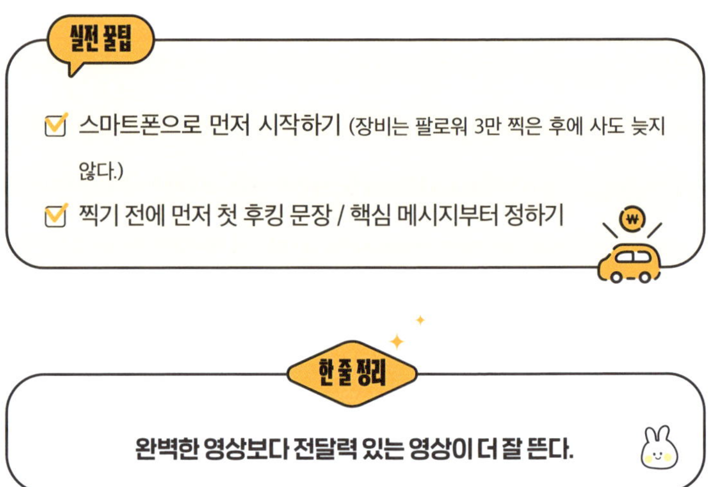

진실 4. 자막은 선택이 아닌 필수다

자막이 없으면 그냥 지나간다.

이건 초보가 생각보다 자주 놓친다. 릴스는 음소거로 보는 비중이 꽤 높다. 출근길, 회사, 카페, 공공장소, 침대에서 조용히 보기도 한다. 그때 사람들은 소리를 안 켠 채로 넘기면서 본다.

그 상태에서 자막이 없으면 어떻게 될까? 내용 파악이 되기도 전에 그냥 넘긴다. 특히 중요한 건 첫 문장 자막이다. 사람이 멈출지 말지 결정하는 순간에, 화면 안에 읽을 수 있는 문장이 있어야 한다.

자막은 장식이 아니다. 분위기용도 아니다. 릴스에서 자막은 계속 시청하게 만드는 '후킹 장치'다. 영상미로 승부 보기보다, 먼저 "무슨 말인지 바로 읽히게" 만드는 게 훨씬 중요하다. 초보에게는 특히 더 그렇다.

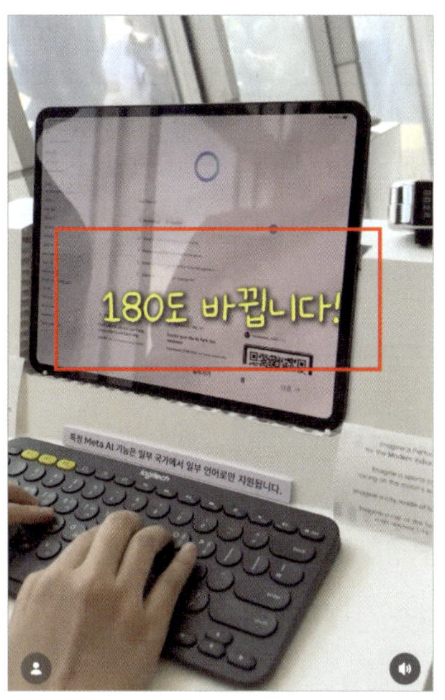

폰트도 마냥 예쁜지보다 먼저 체크해봐야할 건 첫 문장이 눈에 꽂힐만큼 잘 읽히는 폰트인지, 배경과 대비가 뚜렷하게 되는

지다.

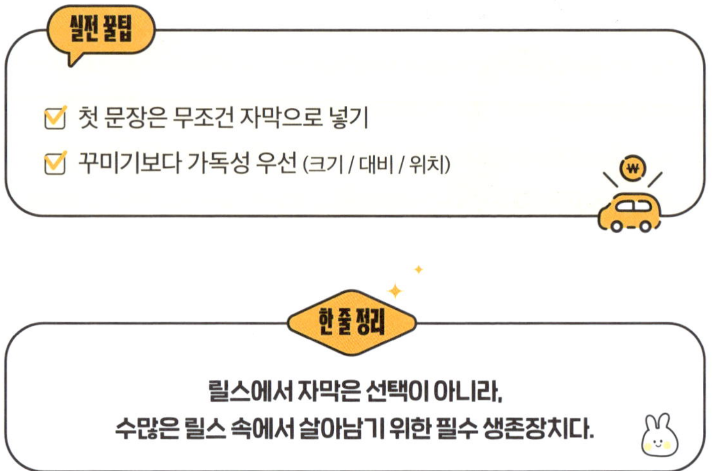

진실 5. 업로드 시간보다 중요한 건 '사람 반응'이다

"몇 시에 올려야 잘 떠요?"

릴스는 결국 업로드 시간표보다 사람 반응으로 퍼지는 쪽에 가깝다. 좋은 영상은 시간이 조금 애매해도 퍼진다. 반대로 반응이 약한 영상은 좋은 시간에 올려도 생각보다 안 퍼진다. 시간은 보조 변수이고 반응은 핵심 변수다.

초보가 먼저 봐야 할 건 "6시에 올릴까, 9시에 올릴까?"가 아니라, 내 영상이 저장 / 공유를 하고 싶은 릴스인가를 체크하는 게 훨씬 중요하다. 시간 최적화는 나중에 팔로워가 어느정도 많이 쌓

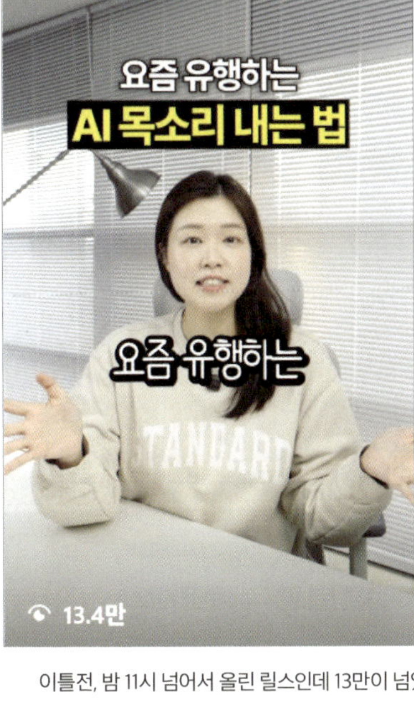

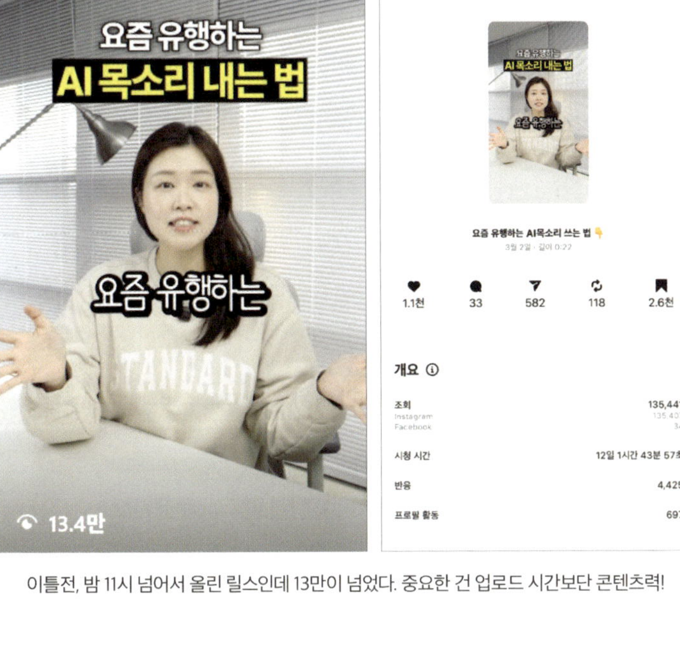

이틀전, 밤 11시 넘어서 올린 릴스인데 13만이 넘었다. 중요한 건 업로드 시간보단 콘텐츠력!

이고 체크해도 늦지 않다. 처음엔 시선이 멈추는 콘텐츠를 만드는 게 먼저다. 시간표 맞추느라 지치기 전에, 콘텐츠 자체 반응부터 잡자.

실전 꿀팁

- 업로드 시간은 기록하되 집착하지 않기
- 잘된 영상의 공통점(멈춤 포인트)을 먼저 분석하기

중요한 건 편집 '기술'이 아니라 '기준'이다

이 5가지를 보면 공통점이 있다. 전부 기술 얘기 같아 보이지만, 사실은 기준 얘기다.

1. 설명보다 결과
2. 길이보다 완주율
3. 장비보다 전달력
4. 분위기보다 가독성
5. 시간보다 반응

초보가 조회수가 안 나올 때 가장 먼저 해야 할 일은 기능을 더 배우는 게 아니다. 지금 내가 어떤 기준으로 영상을 만들고 있는지부터 점검하는 것이다. 기준이 바뀌면 편집 방식이 바뀌고, 편집 방식이 바뀌면 결과가 바뀐다.

그러니 오늘 당장 전부 바꾸려 하지 않아도 된다. 딱 하나만 바꿔도 충분하다. 늘 올릴 릴스에서 첫 문장만 설명형에서 결과형으로 바꿔보기. 혹은 길이를 절반으로 줄여보기. 아니면 첫 문장 자막을 더 선명하게 넣어보기. 이 작은 수정이 생각보다 큰 차이를 만든다. 릴스는 이렇게 기준만 잘잡아도 터지는 콘텐츠다.

얼굴 공개 없이도
돈 되는 이유

"저는 얼굴 공개는 못 하겠어요."

릴스를 처음 시작하려는 사람들과 이야기하다 보면, 정말 자주 나오는 말이다. 마치 얼굴을 공개하지 않으면 릴스는 아예 시작할 수 없다고 생각한다. 그런데 이건 꼭 먼저 바로잡고 싶다. 얼굴 공개는 필수가 아니다. 선택이다.

나도 처음부터 얼굴을 드러내고 시작한 사람이 아니다. 오히려 초반에는 동기부여 내레이션 중심으로 시작했다. 얼굴을 내세

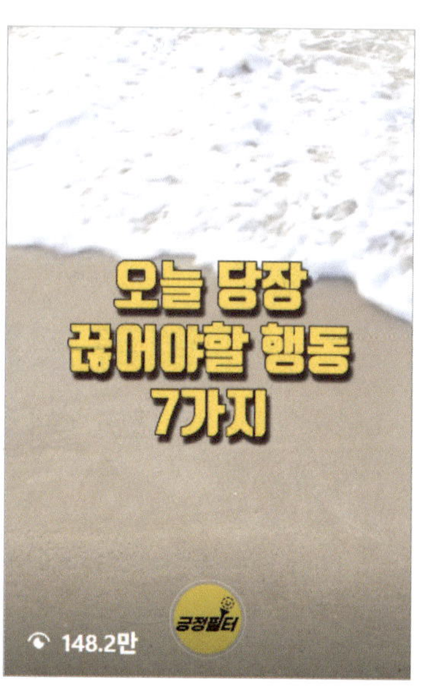

얼굴노출 없이 만든 동기부여 릴스 썸네일

우기보다, 메시지와 문장으로 사람들의 반응을 보는 방식이었다. 그렇게 얼굴 노출 없이도 계정을 키웠고, 3만까지 만들었다. 그 과정에서 분명하게 알게 된 게 있다.

얼굴을 공개한다고 무조건 뜨는 것도 아니고, 얼굴을 공개하지 않는다고 안 뜨는 것도 아니다. 많은 사람들이 얼굴 공개 여부를 너무 크게 본다. 하지만 실제로 더 중요한 건 따로 있다. 사람들이 멈추는 첫 문장, 끝까지 보게 만드는 흐름, 저장하고 싶어지는 정보, 그리고 이 계정을 계속 보고 싶게 만드는 일관성. 결국 릴스를 성장시키는 건 얼굴이 아니라 그 계정이 가진 일관적인 신뢰도로 결정된다.

얼굴은 '신뢰를 만드는 방법' 중 하나일 뿐이다

얼굴공개 릴스 예시 화면

얼굴 공개를 하면 분명 장점은 있다. 사람들이 더 빨리 친근감을 느끼고, 캐릭터를 기억하기 쉬우며, 특히 공동구매나 강사형 계정처럼 '이 사람을 믿고 산다'가 중요한 구조에서는 도움이 될 수 있다. 이건 사실이다. 하지만 그 사실이 곧 "얼굴 공개를 안 하면 불리하다 = 못 한다"는 뜻은 아니다. 신뢰는 얼굴로만 생기지 않는다. 신뢰는 이렇게도 생긴다.

- 영상 톤과 메시지가 일관될 때
- 프로필과 콘텐츠의 정체성이 명확할 때

얼굴은 신뢰를 만드는 여러 방법 중 하나일 뿐이다. 얼굴이 없으면 안 되는 게 아니라, 얼굴 대신 무엇으로 신뢰를 만들지를 설계하면 된다. 이걸 알면 마음이 훨씬 가벼워진다. "얼굴 공개 못 해서 못 한다"가 아니라, "얼굴 없이도 신뢰를 만드는 방식으로 하면 된다"로 바뀌기 때문이다.

나도 얼굴 없이 시작했기 때문에, 더 자신 있게 말할 수 있다. 초반에는 동기부여 문장을 읽어주는 릴스로 시작했다. 얼굴보다 메시지를 앞세웠고, 화면보다 문장을 먼저 고민했다. 사람들이 내 얼굴을 보고 멈추게 만든 게 아니라, 내가 던진 문장과 주제 때문에 멈추게 만들었다. 그렇게 쌓아가면서 얼굴 노출 없이도 3만까지 만들었다. 이 경험이 나에게 준 가장 큰 확신은 단순했다.

"아, 릴스에서 얼굴은 절대조건이 아니구나."

이 차이를 이해하는 순간, 초보의 심리적 장벽이 크게 내려간다. 가장 중요한 건 얼굴이 아니라 내 릴스를 끝까지 보도록 '시선을 멈추는 이유'를 만드는 것이다. 사람들은 얼굴을 보기 위해서만 릴스를 보지 않는다. 오히려 더 많이 반응하는 건 이런 것들이다.

"이거 내 상황인데?"
"이건 바로 써먹을 수 있겠다."
"이 사람이 하는 말은 현실적으로 도움된다."

얼굴이 아니라 어떤 정보를 주고, 어떤 공감 포인트를 불러일으키는지가 사람들을 멈추게 한다. 얼굴은 거기에 '추가될 수 있는 요소'일 뿐, 시작의 필수조건이 아니다. 그래서 얼굴 공개가 부담스러운 사람에게 나는 이렇게 말한다. 얼굴 대신 보여줄 것을 정하면 된다고. 그럼 여기서 바로 질문이 나온다.

"그럼 얼굴 말고 뭘 보여줘야 하나요?"

이 질문에 대한 답은 생각보다 단순하다. 얼굴 없이도 릴스를 만드는 방식은 이미 많고, 실제로 반응이 나오는 패턴도 어느 정도 정해져 있다. 초보가 처음부터 복잡하게 고민할 필요 없이, 잘 먹히는 형식부터 가져와서 내 메시지를 얹으면 된다. 내가 실제로 많이 쓰고, 수강생들에게도 가장 먼저 추천하는 방식은 아래 3가지다. 이 3가지는 촬영 부담이 적고, 얼굴 공개 없이도 충분히 공감과 전달력을 만들 수 있는 유형들이다.

얼굴노출 없이 만드는 릴스 유형 3가지

1. 배경영상 없이 자막만 나오는 릴스

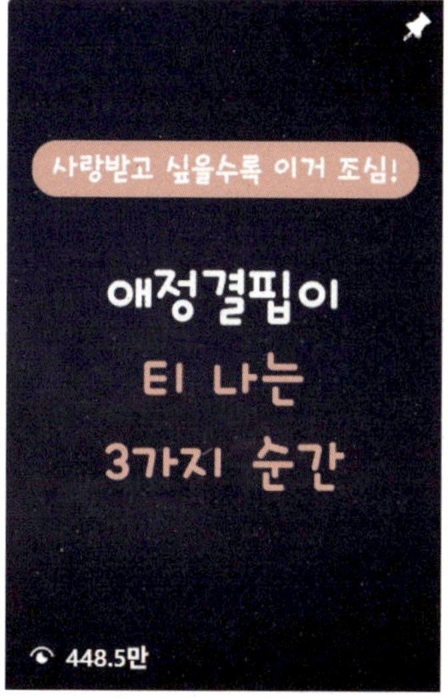

가장 단순해 보이지만, 의외로 강력한 유형이다. 검은 화면이든, 단색 배경이든 상관없다. 핵심은 문장 힘이다.

이 방식은 특히 이런 사람에게 좋다.

- 카메라가 부담스러운 사람
- 전달할 메시지는 있는데 영상 소스가 없는 사람

겉으로 보면 "이게 될까?" 싶다. 그런데 첫 문장만 잘 잡으면 오히려 더 강하게 읽힌다. 잡음이 없고, 시선이 분산되지 않아서 메시지가 바로 꽂히기 때문이다.

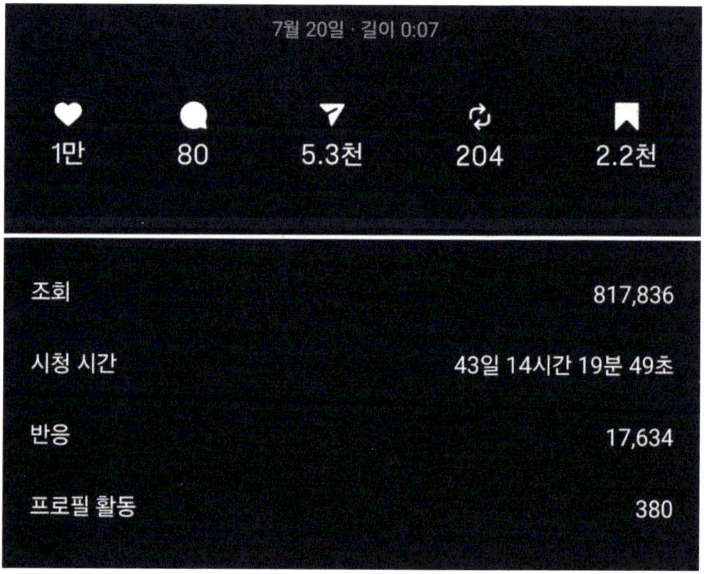

7월 20일 · 길이 0:07
1만
80
5.3천
204
2.2천
조회
817,836
시청 시간
43일 14시간 19분 49초
반응
17,634
프로필 활동
380

요즘은 오히려 이런 방식이 더 깔끔하고, 정보 전달형 계정에 잘 맞는 경우도 많다. 실제로 얼굴노출 없이 만드는 릴스 유형 3가지로 반응이 온다. 릴스는 만들 줄 아는데 반응이 오지 않던 30대 취업준비 중이었던 수강생도 이 유형으로 만든 7초짜리 릴스가 조회수 80만 뷰 넘게 터지고, 이 릴스 하나로 팔로워 약 400명이 증가했다. (지금은 이 릴스는 조회수 400만 뷰가 넘어가고 있다.)

릴스 처음 만드는 50대 주부 수강생 분도 까만 화면 + 글씨만

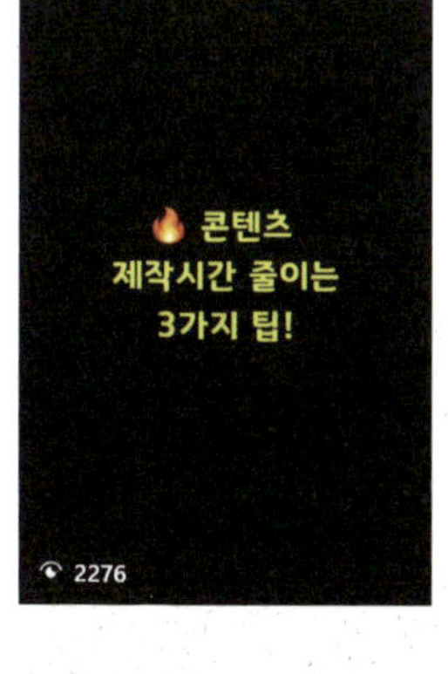

으로 콘텐츠를 구성해서 대행문의를 받고 120만 원 넘게 수익화 해냈다. 사례에서도 보듯이 꼭 100만 조회수가 아니어도 수익화는 가능하다. 이게 바로 릴스 콘텐츠의 매력이다.

문제는 얼굴이 아니다. 전달 방식이다. 사람들은 얼굴을 보고 반응하는 게 아니라, 자신에게 필요한 메시지에 반응한다. 그 메시지는, 꼭 얼굴을 보여주지 않아도 충분히 전달될 수 있다. 오히려 처음 시작하는 사람에게는 이 방식이 가장 쉽고, 가장 강력한 시작이 될 수 있다.

2. 관련 주제 영상 + 자막 넣은 릴스

이건 얼굴을 안 보여주면서도 영상의 분위기와 정보 전달을 함께 가져갈 수 있는 방식이다.

- 캐릭터가 대신 정보를 알려주는 영상
- 자기계발 콘텐츠면 노트 필기나 관련된 화면녹화 영상

이런 식으로 주제와 결이 맞는 영상 위에 자막을 얹는 방식이다. 포인트는 영상미를 뽐내는 게 아니라, "아, 이 주제 얘기구나"를 바로 이해시키는 것이다. 이 방식이 좋은 이유는 촬영 난이도가 낮다는 점이다. 굳이 얼굴 각도, 표정, 화장, 조명까지 신경 쓸 필요가 없다. 핸드폰으로 손, 책상, 화면, 소품만 찍어도 충분히 만들 수 있다. 얼굴 부담은 줄이고 콘텐츠 밀도는 유지할 수 있는 방식이다.

3. 일상영상 + 자막 넣은 릴스

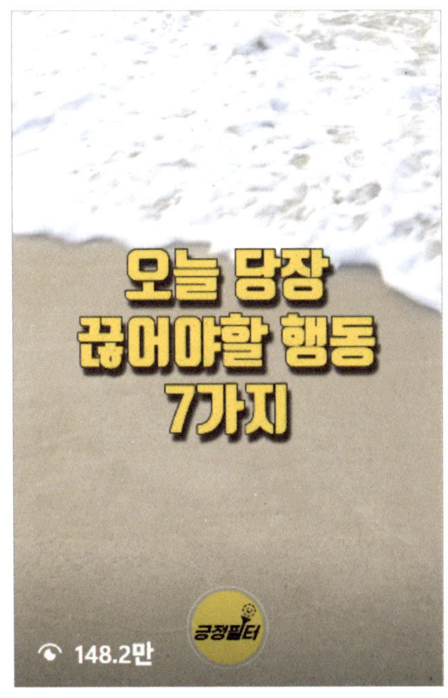

이건 가장 자연스럽게 오래 가는 유형이다. 예를 들어 길 걷는 장면, 카페 창가 뷰, 빌딩 사이를 지나가는 길, 산책길, 노트북 켠 책상, 메모하는 손 같은 것들이다. 특별한 장면이 아니라도 괜찮다. 오히려 너무 연출된 장면보다, 이런 일상 컷이 더 잘 먹힐 때가 많다. 왜냐하면 이 방식의 핵심은 영상미가 아니라 현실감이 주는 신뢰이기 때문이다. 사람들은 화려한 콘텐츠에 감탄하기도 하지만, 꾸준히 보게 되는 건 대개 "내 현실과 닿아 있는 콘텐츠"다.

여기서 중요한 건 얼굴 노출 여부가 아니다. 얼굴이 안 나와도 된다. 손만 나와도 되고, 뒷모습만 나와도 되고, 책상 위 장면만 보여줘도 충분하다. 중요한 건 "무엇을 보여주느냐"보다 그 장면 위에 어떤 문장을 얹느냐다. 같은 카페 영상이어도 누군가는 그냥 감성 영상으로 끝나고, 누군가는 저장하고 싶은 콘텐츠가 된다. 차이는 장면이 아니라 메시지 설계에서 난다. 그래서 이 유형은 촬영 실력보다, 문장 힘을 키우는 데도 좋은 연습이 된다.

얼굴노출은 '선택'이다. 대신 '이것'은 반드시 보여줘라

이 장에서 꼭 기억해야 할 건 단 하나다. 얼굴 공개는 선택이다. 하지만 가치를 보여주는 건 선택이 아니다. 얼굴을 보여주지 않아도 괜찮다. 카메라 앞에 서지 않아도 된다. 대신 사람들이 스크롤을 멈출 이유는 반드시 있어야 한다. 사람들은 얼굴을 보려고 멈추는 게 아니라, 자신에게 필요한 무언가가 있을 때 멈춘다.

예를 들어, 도움이 되는 정보, "내 얘기 같다."는 공감, 계속 보고 싶어지는 말투와 분위기 말이다. 이 중 하나만 있어도, 얼굴 없이 충분히 성장할 수 있다. 나 역시 얼굴을 드러내지 않은 상태에서 시작했고, 그 상태로 계정을 키웠다. 중요한 건 얼굴이 아니라, 계정이 주는 가치였다. 지금도 얼굴 공개 때문에 시작을 망설이는 사람들에게 같은 말을 해준다. 얼굴은 나중에 고민해도 된다. 지금 고민해야 할 건, 딱 하나다.

당신의 릴스를 보고, 사람들이 멈출 이유가 있는가.

그 이유가 만들어지는 순간, 얼굴 공개 여부는 더 이상 고민거리가 아니다. 사람들은 얼굴이 아니라, 가치에 반응하기 때문이다. 그리고 그 가치는, 얼굴 없이도 충분히 전달될 수 있다.

첫 2초가 전부다: 조회수 터뜨리는 갈고리 공식

"내용은 진짜 좋은데 왜 조회수가 안 나올까요?"

릴스를 만들다 보면 이 질문을 하게 되는 순간이 온다. 나도 그랬다. 열심히 만들었고, 분명 도움이 되는 내용도 넣었는데 반응이 생각보다 약할 때가 있었다. 그때는 내용이 부족한 줄 알았다. 더 많이 알려줘야 하나, 더 길게 설명해야 하나, 더 정성 들여 편집해야 하나.

그런데 지나고 보니 문제는 내용이 아니라, 사람들이 그 내용까지 도달하기 전에 떠나고 있었다는 데 있었다. 좋은 내용도 시작이 약하면 끝까지 못 간다. 릴스에서 첫 2초는 소개 시간이 아니라 생존 시간이다. 사람들은 릴스를 정독하지 않는다. 스쳐 지나간다. 그 스쳐 지나가는 시선에 갈고리를 걸어야 한다. 그래서 나는 이걸 '2초 갈고리 공식'이라고 부른다. 첫 문장으로 '멈출 이유'를 걸어두는 문장 설계법이다.

여기서 중요한 건, 후킹은 타고난 센스가 아니라는 점이다. 후킹은 재능이 아니라 번역이다. 내가 하고 싶은 말을, 상대가 멈추는 말로 바꾸는 기술이다. 사람을 속이는 기술도 아니다. 오히려 반대다. 계속 볼 이유를 먼저 주는 기술이다.

첫 줄은 미끼다

초보가 가장 많이 하는 실수는 친절하게 시작하는 것이다.

"안녕하세요, 오늘은 ~에 대해 알려드릴게요."

책에서는 괜찮은 도입일 수 있다. 하지만 릴스에서는 안통한다. 릴스에서 사람들은 '소개'를 기다려주지 않는다. '지금 다른 릴스로 안넘기고 볼 이유가 있나?' 그걸 먼저 본다. 그래서 첫 줄은 인사가 아니라 미끼여야 한다. 정확히는, 이 영상을 계속 봐야 할 이유가 첫 줄에 있어야 한다.

같은 내용이라도 첫 2초 문장은 이렇게 바꿔야 한다.

오늘은 제 아침 루틴을 알려드릴게요. **(X)**

매일 아침 6시 기상했더니 일어난 일. **(O)**

둘 다 본문 내용은 비슷할 수 있다. 결국 루틴을 소개한다는 소리다. 하지만 시선을 멈추게 만드는 힘은 완전히 다르다. 첫 번째 문장은 설명으로 시작하고, 두 번째 문장은 결과로 시작한다.

내가 가장 자주 쓰는 기본 갈고리(후킹) 구조는 단순하다.

2초 갈고리 공식 = 결과 + 대상 + 궁금증

이 3개를 모두 넣으면 가장 강하고, 2개만 들어가도 충분히 멈추는 힘이 생긴다.

결과 : 그래서 뭐가 달라졌는데?

대상 : 이게 누구 얘긴데? 나랑 관련 있나?

궁금증 : 왜/어떻게/뭘 바꿨길래?

예를 들어 이런 식이다.

"퇴근하면 아무것도 하기 싫은 직장인도(대상)
딱 10분 루틴으로 몸이 가벼워집니다.(결과)
제가 바꾼 건 한 가지였어요.(궁금증)"

이 공식을 쓰면 좋은 이유는 명확하다. 말이 중언부언 길어지는 걸 막아준다. 초보는 보통 맥락 설명부터 하다가 첫 2초를 다 써버리는데, 이 공식은 반대로 결론부터 던지게 만든다.

아무리 좋은 내용도, 시작이 약하면 아무도 모른다

많은 사람들이 콘텐츠가 안 되면 본문부터 뜯어고친다. 내용 추가하고, 편집 효과 넣고, 화질 고민하고, 업로드 시간을 바꾼다. 물론 다 의미는 있다. 그런데 첫 줄이 약하면 그 모든 수정이 의미 없이 끝난다.

릴스에서 조회수는 편집에서 터지기 전에, 첫 문장에서 먼저 갈린다. 나는 이걸 여러 번 체감했다. 같은 주제인데 첫 문장만 바꿨을 뿐인데 반응이 달라지는 경우가 있었다. 내용은 비슷한데 첫 줄이 결과형인지 설명형인지에 따라 사람들이 멈추는 비율이 달라졌다. 그러니 이 장에서 꼭 가져가야 할 태도는 하나다.

본문을 잘 쓰기 전에 첫 줄부터 고쳐라.

바로 써먹는 2초 갈고리 문장 유형 TOP 3

이제부터는 실전이다. 이 파트는 읽는 것보다 바꿔 쓰는 게 중요하다. 아래 예시는 그대로 외우기보다, 구조를 훔쳐서 내 주제로 바꾸는 방식으로 써보면 된다.

1. 정보형 갈고리: 알려주지 말고, 바뀐 걸 먼저 보여줘라

정보형에서 중요한 건 친절한 도입이 아니라 '변화'다. "알려드릴게요"보다 "지금 바뀝니다"가 훨씬 강하다.

요즘 유행하는 스트레칭 알려드릴게요. (X)

이 동작 하나로 승모근 비로 풀립니다. (O)

재테크 팁 공유합니다. (X)

이걸 모르고 시작하면, 돈 줄줄 샙니다. (O)

핵심은 '정보'를 먼저 말하지 말고, 정보로 생기는 변화를 먼저 던지는 것이다.

2. 공감형 갈고리: "내 얘기네?" 공감대 만들기

공감형은 특히 직장인, 초보, 내향형에게 강하다. 정보보다 '내 얘기 같은 순간'이 먼저 멈추게 만든다.

다이어트 동기부여 드릴게요. (X)

'운동 해야 하는데…' 말만 하는 아가리 다이어터들 주목! (O)

독서 습관 만들기 알려드릴게요. (X)

책 보면 5분 안에 잠드는 사람? 여기로 오세요! (O)

공감형은 두루뭉술하면 힘이 없다. "힘들죠?" 대신 당신이 실제로 겪는 장면을 써야 멈춘다.

3. 반전형 갈고리: 사람들이 당연하다고 믿는 순간을 흔들어라

사람들은 이미 알고 있다고 생각하는 말에는 반응하지 않는다. 대신, 당연하다고 믿어온 말이 틀릴 수도 있다는 순간에 멈춘다.

"진짜? 왜?"

이 질문이 생기는 순간, 스크롤이 멈춘다. 그래서 반전형 갈고

리는 강하다. 사람들이 익숙하게 믿고 있는 말을 그대로 반복하는 대신, 다른 방향에서 보여주는 방식이다. 다만 자극만 세고 내용이 없으면 금방 티가 난다. 중요한 건 놀라게 하는 게 아니라, 궁금하게 만드는 것이다.

챗지피티 기능 하나 설명해드릴게요. (X)
내가 챗지피티 절대 안쓰는 이유. (O)

올리브유 종류 3가지 알려드릴게요. (X)
우리가 먹고 있는 올리브유 80%는 가짜다. (O)

포인트는 "당신이 틀렸다"가 아니라 "기준이 틀렸을 수 있다"로 말하는 것이다. 그게 더 잘 먹힌다.

후킹은 타고나는 게 아니라 바꿔 쓰는 것이다

후킹 잘하는 사람을 보면 원래 말솜씨가 좋은 사람 같아 보인다. 그런데 대부분은 그냥 설명형 문장을 결과형 문장으로 바꿔 쓰는 연습을 많이 했을 뿐이다. 그러니까 "잘 써야지"보다 "바꿔 써봐야지"가 맞다.

릴스에서 후킹은 화려한 말장난이 아니다. 좋은 내용을 끝까지 보게 만들기 위해, 먼저 멈출 이유를 주는 설계다. 당신의 콘텐츠가 안 되는 이유가 실력 부족이 아니라, 아직 갈고리를 안 달아서일 수도 있다.

내 영상, 돈될까?
자가진단 체크리스트

여기까지 읽었다면 이런 생각이 한 번쯤 들었을 것이다.

"그래서 지금 내가 찍은 영상이, 돈이 되는 영상인지 아닌지는 어떻게 알지?"

많은 사람들이 여기서 헷갈린다. 조회수가 잘 나오면 돈이 될 거라고 생각한다. 영상이 예쁘면 반응이 올 거라고 믿는다. 그런데 실제로는 다르다. 조회수는 높은데 문의는 없는 영상이 있고, 조회수는 많지 않은데 꾸준히 DM이 오는 영상도 있다.

차이는 하나다. 그 영상이 넘겨지는 영상인지, 멈춰지는 영상인지의 차이다. 예쁜 영상이 반드시 돈이 되는 건 아니다. 조회수가 높다고 해서 자동으로 수익으로 이어지는 것도 아니다. 그래서 필요한 건 감이 아니라, 기준이다.

아래 체크리스트는 내가 실제로 사용하는 기준이다. 내 영상이 단순히 스쳐 지나가는 영상인지, 아니면 사람을 내 안으로 들어오게 만드는 입구인지 확인하는 가장 빠른 방법이다. 읽으면서, 각 항목에 스스로 Yes 또는 No로 답해보자.

체크 항목 11가지	Yes / No
1. 첫 2초 안에 이 영상이 누구를 위한 영상인지 보인다	
2. 첫 문장이 결과형/공감형/반전형(2초 갈고리)으로 시작한다	
3. 보는 사람이 얻는 이득이 한 문장으로 이해된다	
4. 상대에게 도움 되는 내용이 중심이다	
5. 보고 나서 바로 써먹을 수 있는 포인트가 최소 1개 있다	
6. 소리 없이 봐도 이해되게 자막과 흐름이 정리돼 있다	
7. 영상 길이가 루즈하게 느껴지지 않고, 핵심 위주로 구성돼 있다	
8. 효과보다 전달력에(명확한 문장 / 구성) 집중했는가	
9. 내 경험 / 사례 / 숫자 등 믿을 만한 포인트가 들어 있다	
10. 영상 끝에 다음 행동(댓글 / DM 등)을 유도하는 문장이 들어 있다	
11. 이 영상이 내 서비스, 내 주제와 연결되어 있다	

✦ 결과 분석 : 지금 내 릴스는 어느 단계인가

YES가 0~3개라면, 아직 '혼자만 이해하는 영상'을 만들고 있는 단계

지금은 영상이 나쁜 게 아니라, 보는 사람 기준보다 만드는 사람 기준에 더 가까운 상태다. 무슨 말을 하는지는 알겠지만, 왜 봐야 하

는지까지는 전달되지 않는 단계다.

이 단계에서는 편집이나 퀄리티보다, 전달 기준 자체를 바꾸는 것이 먼저다. 보완해야 할 핵심은 3가지다.

1. 첫 문장에서 이 영상이 누구를 위한 영상인지 보이게 만들기

2. 보는 사람이 얻는 이득이 명확하게 드러나게 만들기

3. 설명보다 핵심과 결론부터 먼저 보여주는 구조로 바꾸기

지금 필요한 건 더 잘 만드는 게 아니라, 보는 사람 기준으로 다시 정리하는 것이다.

YES가 4~7개라면, '좋은 방향으로 가고 있지만 아직 반응이 약한 단계'

이미 전달력은 어느 정도 갖춰진 상태다. 다만, 사람들이 멈춰서 반응할 만큼의 확신과 선명함이 조금 부족한 상태다.

이 단계에서는 전체를 바꾸기보다. 사람들이 반응하는 요소를 의도적으로 강화하는 것이 중요하다. 조금만 다듬으면 반응으로 이어질 수 있는 단계다.

1. 첫 문장의 후킹을 더 명확하게 만들기

2. 내 경험, 의견이 드러나게 만들기

3. 영상 하나에 전달하는 메시지를 하나로 좁히기

YES가 8~11개라면, 이미 '사람들이 멈추는 구조'를 만들고 있는 단계

이 단계에 왔다면, 영상 구조는 이미 제대로 잡혀 있다. 이제 중요한 건 더 잘 만드는 게 아니라, 흔들리지 않고 반복하는 것이다.

많은 사람들이 이 단계에서 매번 새로운 방식으로 만들려고 하다가 흐름이 끊긴다. 하지만 반응은 새로운 시도보다, 일관된 구조에서 더 안정적으로 만들어진다. 지금은 새로운 걸 추가하기보다, 지금 구조를 안정시키는 것이 가장 중요하다.

솔루션

1. 반응이 좋았던 구조를 반복해서 사용하는 것
2. 전달 방식과 메시지 톤을 일관되게 유지하는 것

✦ **이제 감이 아니라, 기준을 갖고 만들어라**

릴스는 감으로 만드는 단계에서, 기준으로 만드는 단계로 넘어갈 때부터 반응이 달라진다. 그 기준은 재능이 아니라, 점검하고, 보완하고, 반복하는 과정에서 만들어진다.

지금 단계가 어디든 괜찮다. 중요한 건, 다음 단계로 갈 방향을 알고 만드는 것이다. 이 표는 **PART 2**에서 배운 내용을 한 장으로 압축한 것이다. YES가 늘어난다는 건 단순히 영상이 예뻐졌다는 뜻이 아니라, 돈 되는 릴스의 기준이 내 손에 익고 있다는 뜻이다.

PART 3

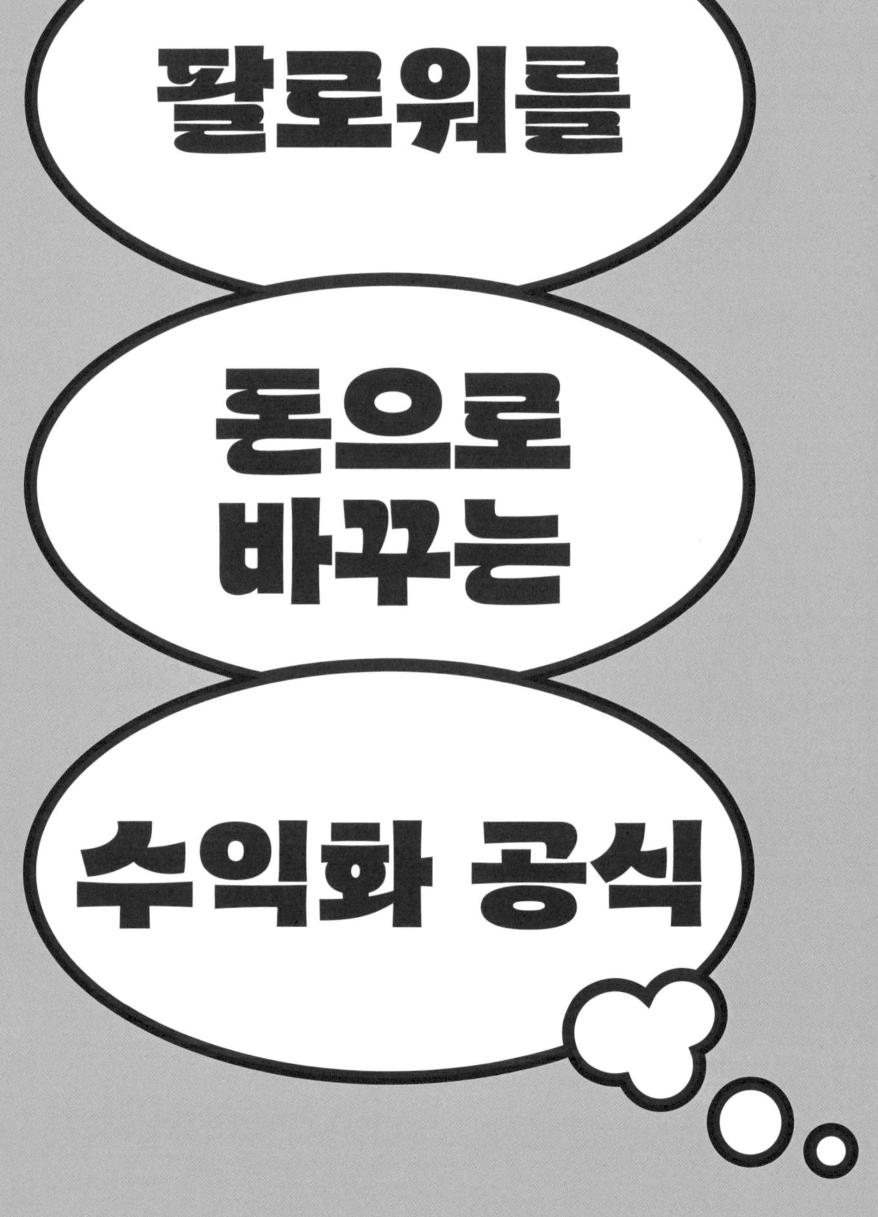
팔로워를
돈으로
바꾸는
수익화 공식

팔로워가 1만 명이 되던 날보다, 통장에 처음으로 '월급 외 돈' 이 찍히던 날이 더 또렷하게 기억난다. 그날 나는 깨달았다. 팔로워는 숫자일 뿐이고, 진짜 중요한 건 그 숫자가 아니라 그 숫자가 만들어내는 결과라는 것을. 많은 사람들이 인스타그램을 시작하면 가장 먼저 묻는다.

"팔로워 몇 명 있어야 돈 벌 수 있나요?"

이 질문에는 이미 하나의 착각이 들어 있다. 팔로워가 많아야

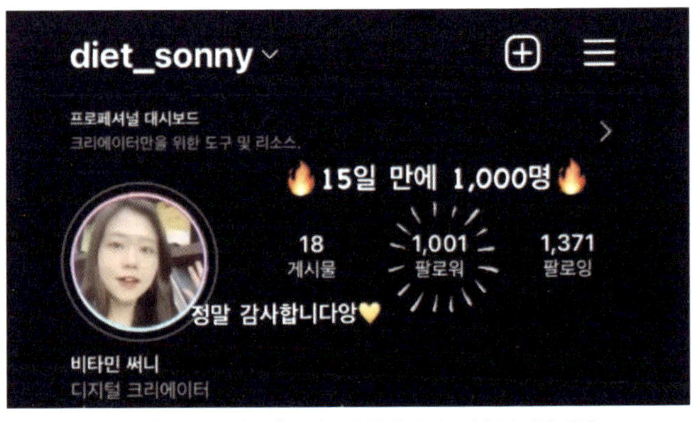

팔로워 1,000명 찍으면 돈 버는 줄 알았던 인스타 초보 시절 사진

돈을 벌 수 있다는 착각이다. 물론 팔로워가 많으면 유리한 건 사실이다. 하지만 팔로워 숫자와 수익은 반드시 비례하지 않는다. 나는 팔로워가 1만 명이 되기 전에도 수익을 만들었고, 팔로워가 1,000명 수준일 때도 실제로 돈이 들어오는 경험을 했다. 반대로 팔로워가 수만 명이 넘는데도 수익이 거의 없는 계정들도 수없이 많이 봤다.

그 차이는 단 하나였다. 팔로워 숫자에 집중하는 계정과, 수익 구조를 만드는 계정의 차이였다. 인스타그램을 처음 시작했을 때, 나 역시 팔로워 숫자에 집착했다. 하루에도 몇 번씩 인스타 앱을 열어서 팔로워 숫자를 확인했다. 한 명 늘면 기분이 좋아졌고, 한 명 줄면 이유를 분석했다. 팔로워 숫자가 올라가는 것 자체가 성과라고 생각했다. 하지만 어느 순간부터 질문이 바뀌었다.

"그래서, 이 팔로워들이 내 인생을 어떻게 바꿔주지?"

이 질문은 매우 중요하다. 팔로워 숫자는 그 자체로는 아무 의미가 없다. 팔로워는 단지 '가능성'일 뿐이다. 그 가능성을 실제 결과로 바꾸는 구조가 있을 때, 비로소 팔로워는 가치가 된다.

인스타그램은 기본적으로 '관심'을 모으는 플랫폼이다. 그리고 돈은 항상 관심이 모이는 곳으로 흐른다. 사람들이 몰리는 곳에 기회가 생기고, 기회가 생기는 곳에 수익이 만들어진다. 하지만 여기서 중요한 것은, 단순히 사람들이 많다고 해서 자동으로 수익이 생기는 것은 아니라는 점이다. 팔로워가 5만 명인데도 수익이 없는 계정이 있는 반면, 팔로워가 2,000명인데도 매달 꾸준히 수익을 만드는 계정이 있다. 이 차이는 콘텐츠의 방향성과 구조에서 나온다.

수익이 없는 계정들의 공통점은 명확하다. 콘텐츠는 많지만, 목적이 없다. 그냥 조회수를 위해 만들고, 좋아요를 위해 만들고, 반응을 위해 만든다. 반응은 얻지만, 그 반응이 어디로 연결되는지는 설계되어 있지 않다.

팔로워를 모으지 말고, 기회를 설계하라

그러나 수익이 발생하는 계정들은 다르다. 콘텐츠 하나하나가 단순한 '게시물'이 아니라, 하나의 '입구' 역할을 한다. 그 콘텐츠를 통해 사람들이 계정에 들어오고, 계정을 통해 신뢰가 쌓이고, 그 신뢰를 통해 기회가 만들어진다.

나 역시 처음에는 팔로워 숫자를 늘리는 것에 집중했다. 하지만 실제로 수익이 발생하기 시작한 시점은, 팔로워 숫자가 아니라 계정의 방향성을 명확히 했을 때였다.

내 계정을 통해 무엇을 보여줄 것인지, 어떤 가치를 줄 것인지, 그리고 그 가치를 통해 어떤 기회가 만들어질 수 있는지를 고민하기 시작했다. 그때부터 계정은 단순한 SNS 계정이 아니라, 하나의 자산으로 바뀌기 시작했다.

이 변화는 생각보다 빠르게 나타났다. 기업에서 콘텐츠 제작 문의가 들어오기 시작했고, 협업 제안이 오기 시작했다. 내가 먼저 찾아가지 않아도, 내 계정을 보고 사람들이 먼저 연락을 해왔다. 그때 처음으로 깨달았다. 팔로워는 단순한 숫자가 아니라, 신뢰의 축적이라는 것을.

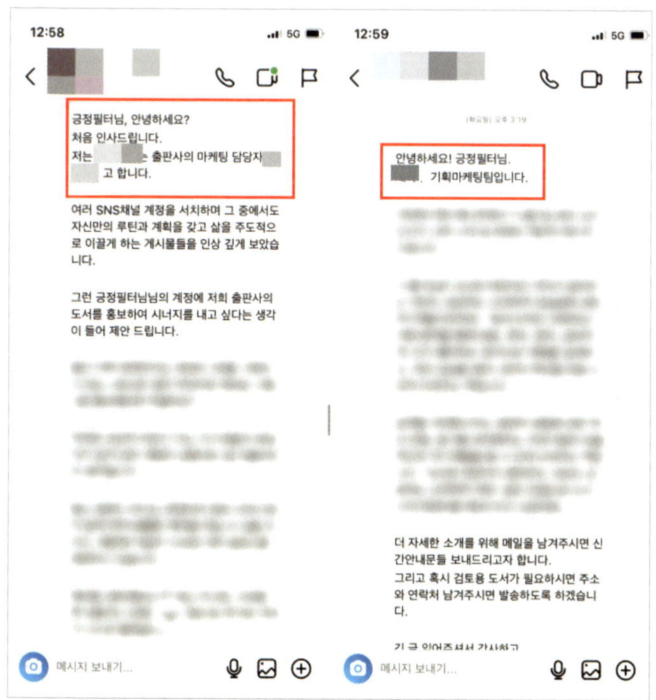

사람들은 숫자를 보고 팔로우하지 않는다. 그 계정이 주는 가치와 메시지를 보고 팔로우한다. 그리고 그 신뢰가 쌓이면, 자연스럽게 새로운 기회로 연결된다. 나는 원래 인스타그램 어플조차 없던, 온라인 세계와 동떨어진 사람이었다. SNS는 시간 낭비라고 생각했고, 현실에 집중하는 것이 더 중요하다고 믿었다.

하지만 직접 경험해보니, 인스타그램은 단순한 SNS가 아니었다. 그것은 기회를 만드는 플랫폼이었다. 팔로워 숫자는 중요하다. 하지만 더 중요한 것은, 그 팔로워들이 당신의 계정을 어떻게 인식

하느냐다. 단순히 콘텐츠를 소비하는 사람인지, 아니면 당신을 신뢰하는 사람인지.

그래서 지금 인스타그램을 시작하는 사람들에게 가장 먼저 말해주고 싶은 것이 있다. 팔로워 숫자에 집착하지 말고, 통장에 찍힐 숫자를 설계하라. 팔로워는 수단일뿐, 목적이 아니다. 이 차이를 이해하는 순간, 인스타그램은 더 이상 취미가 아니라, 당신의 새로운 수익 자산이 된다.

팔로워가 1,000명이었을 때, 처음으로 기업에서 DM이 왔다. 그리고 그 DM 하나로, 나는 월급 외 수익을 만들었다. 그때 깨달았다. 돈은 팔로워 숫자가 아니라, 팔로워의 '밀도'에서 나온다는 것을.

많은 사람들이 착각하는 것이 있다. 팔로워는 많을수록 무조건 좋고, 팔로워가 많아야만 수익화가 가능하다고 믿는다. 그래서 팔로워 숫자를 늘리는 데 집중한다. 맞팔을 하고, 이벤트를 하고, 어떻게든 숫자를 늘리려고 노력한다.

하지만 냉정하게 말해서, 숫자만 많은 팔로워는 아무 의미가 없다.

예를 들어, 팔로워가 1만 명인데 아무도 댓글을 달지 않고, 아무도 DM을 보내지 않고, 아무도 반응하지 않는 계정이 있다. 반대로 팔로워가 1,000명인데 게시물을 올릴 때마다 댓글이 달리고, DM이 오고, 사람들이 질문을 하는 계정이 있다. 둘 중 어느 계정이 돈을 벌 가능성이 높을까? 당연히 후자다.

인스타그램에서 수익은 숫자가 아니라 관계에서 나온다. 팔로워가 많다는 것은 단지 많은 사람이 당신을 '알고 있다'는 뜻이다. 하지만 팔로워가 당신을 '신뢰한다'는 것은 완전히 다른 이야기다. 그리고 돈은 항상 신뢰에서 나온다. 나 역시 그랬다. 팔로워가 1,000명 정도였을 때, 내 계정에는 매일 꾸준히 DM이 왔다.

"이 영상은 어떻게 만든 건가요?"
"저도 인스타 시작해보고 싶은데, 뭐부터 하면 될까요?"
"혹시 제 계정도 봐주실 수 있을까요?"

이 질문들은 단순한 질문이 아니었다. 신뢰의 표현이었다. 사람들은 아무에게나 DM이나 메일을 보내지 않는다. 이 사람이 답을 알고 있을 것 같을 때, 이 사람이 나에게 도움이 될 수 있을 것 같을 때 문의를 한다. 그 신뢰는 자연스럽게 기회로 이어졌다. 기업에서 콘텐츠 제작 문의가 들어왔고, 계정 운영 관련 협업 제안이 들어왔고, 강의 요청까지 들어오기 시작했다. 이 모든 것은 팔로워 숫자가 아니라, 팔로워와의 관계에서 시작됐다. 돌이켜보면, 팔로워가 적었을 때 오히려 관계는 더 깊었다.

팔로워 한 명 한 명이 어떤 사람인지 기억할 수 있었고, 댓글 하나하나에 직접 답장을 했고, DM에도 성실하게 답변했다. 그 과정에서 계정은 단순한 콘텐츠 계정이 아니라, 사람과 사람이 연결되는 공간이 되었다. 인스타그램은 소통 중심의 플랫폼이다. DM과 댓글을 통해 팔로워와 직접 관계를 형성할 수 있고, 그 관계는 계정의 가치를 높이는 가장 중요한 요소가 된다.

많은 팔로워를 가진 계정보다, 신뢰를 가진 계정이 더 강한 이유가 여기에 있다. 팔로워가 1만 명이 넘어가면 오히려 모든 팔로워와 소통하기 어려워진다. 댓글이 많아지고, DM이 많아지고, 모든 사람에게 직접 답하기가 어려워진다. 관계의 깊이가 자연스럽게 얕아질 수밖에 없다.

반면 팔로워가 1,000명 정도일 때는 다르다. 충분히 모든 사람과 소통할 수 있고, 계정의 분위기를 직접 만들어갈 수 있고, 팔로워와의 신뢰를 단단하게 쌓을 수 있다. 이 시기의 팔로워들은 단순한 구경꾼이 아니라, 계정의 성장을 함께하는 초기 멤버와 같은 존재다. 이 초기 팔로워들이 만들어주는 신뢰는, 이후 계정이 성장하는 데 결정적인 역할을 한다.

또 하나 중요한 점은, 팔로워가 적을수록 '집중도'가 높다는 것이다. 팔로워가 적다는 것은, 대부분의 팔로워가 당신의 콘텐츠 주제에 관심이 있어서 팔로우했다는 뜻이다. 반응률이 높고, 참여도가 높고, 계정에 대한 관심도가 높다.

반면 팔로워가 많아질수록 다양한 이유로 팔로우한 사람들이 섞이게 된다. 단순히 한 번 콘텐츠를 보고 팔로우한 사람, 추천으로 팔로우한 사람, 이벤트 때문에 팔로우한 사람 등 다양한 유형이 섞이면서 전체적인 반응률은 자연스럽게 낮아질 수 있다. 그래서 실제로 많은 기업들은 팔로워 숫자보다 반응률을 더 중요하게 본다.

팔로워가 1만 명인데 반응률이 1%인 계정보다, 팔로워가 1,000명인데 반응률이 10%인 계정을 더 높게 평가하는 경우도 많다. 그만큼 팔로워의 '질'이 중요하다. 나는 팔로워가 1,000명이었을 때 이미 수익이 발생하기 시작했다. 그 경험을 통해 확신하게 됐다.

팔로워 숫자는 출발선일 뿐이고, 수익은 신뢰에서 시작된다는 것을.

그래서 지금 팔로워가 1,000명이 안 되는 사람이라도 전혀 걱정할 필요가 없다. 오히려 지금이 가장 좋은 시기다. 팔로워 한 명한 명과 관계를 만들고, 신뢰를 쌓고, 계정의 방향성을 단단하게 만들 수 있는 시기이기 때문이다.

팔로워가 많아진 다음에 신뢰를 만들기는 어렵다.
하지만 신뢰를 기반으로 팔로워를 늘리는 것은 훨씬 쉽다.

그리고 그 신뢰는 결국,
통장에 찍히는 숫자로 이어지게 된다.

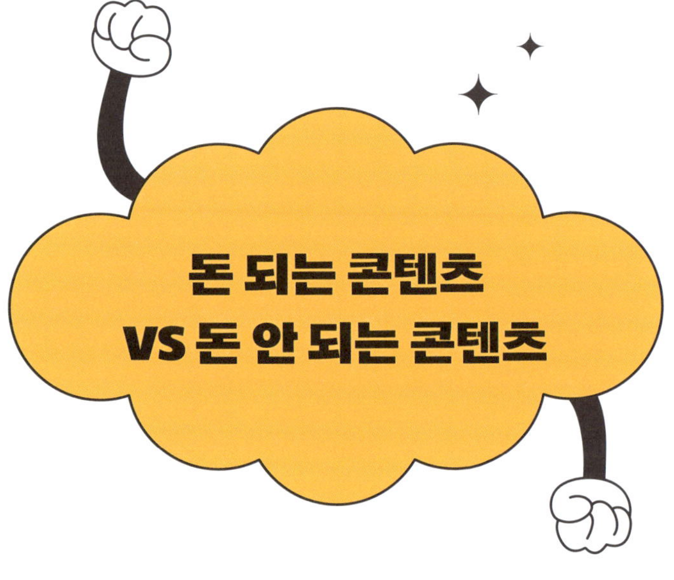

같은 조회수 10만인데, 어떤 영상은 기회를 만들고, 어떤 영상은 아무 일도 만들지 못한다. 이 차이를 이해하는 순간, 인스타그램은 취미에서 자산으로 바뀐다. 많은 사람들이 조회수가 터지면 수익도 따라온다고 믿는다. 그래서 조회수를 올리는 데 집중한다. 사람들이 좋아할 만한 문구를 넣고, 자극적인 제목을 쓰고, 최대한 많은 사람들이 보도록 만드는 데 신경쓴다. 실제로 조회수는 올라갔다. 몇십만, 몇백만 조회수가 나오는 영상도 생긴다.

그런데 이상한 일이 벌어진다. 조회수는 높은데, 아무 일도 일어나지 않는 것이다. DM도 없었고, 문의도 없었고, 아무런 변화도 없었다. 영상은 잘 나갔는데, 내 인생은 그대로다. 그때 처음으로 이상함을 느낀다.

"조회수는 높은데, 왜 아무 일도 안 일어나지?"

답은 단순하다. 그 콘텐츠는 '재미'는 있었지만, '이유'는 없었다. 사람들이 나를 기억해야 할 이유, 다시 찾아와야 할 이유, 나에게 말을 걸어야 할 이유가 없었다.

사람을 웃게 만드는 콘텐츠와, 움직이게 만드는 콘텐츠

인스타그램에는 크게 2가지 종류의 콘텐츠가 있다.

1. 사람들의 시간을 소비하게 만드는 콘텐츠
2. 사람들의 행동을 바꾸는 콘텐츠

돈이 되는 콘텐츠는 항상 후자다. 단순히 웃긴 영상, 공감되는 영상, 감성적인 영상은 조회수가 높을 수 있다. 사람들은 보고 웃고, 공감하고, 넘긴다. 하지만 거기서 끝이다. 그 콘텐츠를 만든 사람이 누구인지 기억하지 못한다. 반대로, 도움이 되는 콘텐츠는 다르다. 사람들은 멈추고, 저장하며 계정을 눌러본다. 그리고 기억한다.

"이 사람, 뭔가 아는 사람 같다."

이 인식이 만들어지는 순간, 관계가 시작된다.

돈은 조회수에서 나오는 게 아니라, 신뢰에서 나온다

사람들은 재미있는 사람을 좋아할 수는 있지만, 신뢰하지는 않는다. 하지만 도움이 되는 사람은 신뢰한다. 그리고 기회는 항상 신뢰에서 시작된다. 나 역시 그 차이를 분명하게 경험했다.

감성적인 문구를 올렸을 때는 조회수가 나왔다. 하지만 그 이상은 없었다. 아무도 나에게 말을 걸지 않았다. 반대로, 내가 직접 경험한 것, 시행착오 끝에 얻은 결과, 실제로 효과 있었던 방법을 올리기 시작했을 때 상황이 바뀌었다. DM이 오기 시작했다.

"이 방법 더 자세히 알고 싶어요."
"저도 해보고 싶은데, 어떻게 시작하면 될까요?"
"혹시 도움 받을 수 있을까요?"

이 질문들은 단순한 질문이 아니었다. 신뢰의 시작이었다. 사람들은 콘텐츠로 가치(경험, 정보 등)를 나누는 사람에게 다가온다. 가능성을 보여준 사람에게 기회를 준다. 많은 사람들이 인스타그램을 기록하는 공간으로 사용한다. 오늘 무엇을 했는지, 어디를 갔는지, 어떤 기분이었는지를 올린다.

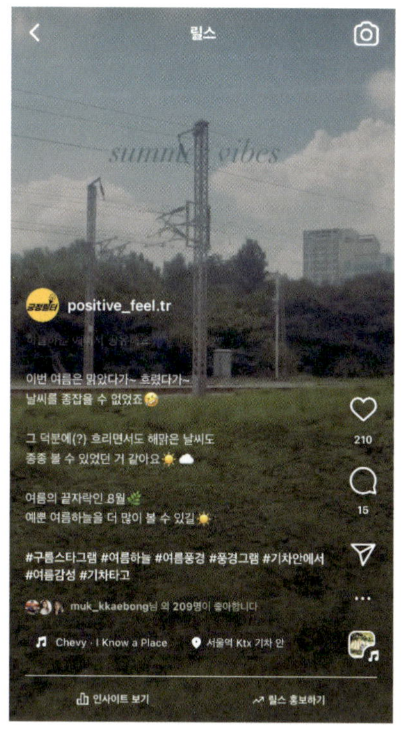

나 역시 30대에 처음으로 인스타를 제대로 시작했을 때, 무엇을 올려야 할지 몰랐다. 그래서 눈에 보이는 풍경을 올리고, 감성

적인 문장을 적고, 그 순간의 기분을 기록했다. 올리고 나면 뿌듯했지만, 거기까지였다. 아무 일도 일어나지 않았다.

이런 콘텐츠로는 아무것도 바꾸지 못했다. 계정도, 기회도, 수익도. 그때 깨달았다. 나에게 의미 있는 콘텐츠와 다른 사람에게 의미 있는 콘텐츠는 다르다는 것을. 사람들은 시간을 보내기 위해서만 인스타그램을 보지 않는다. 더 나은 방법을 찾기 위해, 새로운 가능성을 보기 위해, 지금보다 나아질 실마리를 찾기 위해 콘텐츠를 소비한다. 그리고 거기에 대한 답을 주는 계정이 성장한다.

남들이 궁금해할 콘텐츠를 만들어라

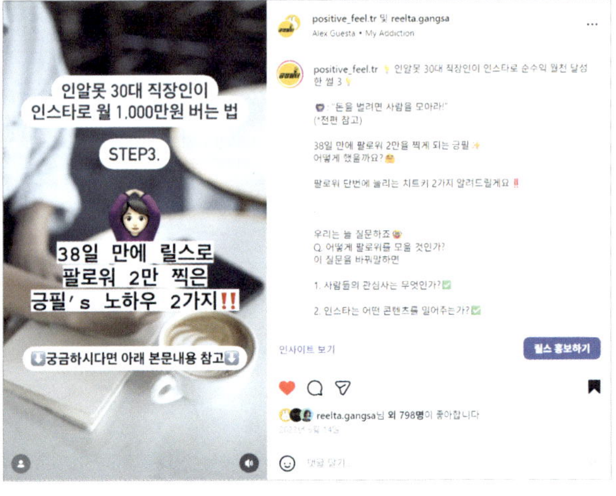

내 계정이 성장하기 시작한 것도, 경험을 콘텐츠로 만들기 시작하면서부터였다. 인스타를 처음 시작했던 이야기, 팔로워를 늘렸던 과정, 첫 수익을 만들었던 경험. 그 이야기는 나에게는 과거였지만, 누군가에게는 가능성이었다.

"저 사람도 했으니까, 나도 할 수 있겠다."

이 생각이 드는 순간, 팔로워는 단순한 구경꾼이 아니라, 가능성을 믿는 사람이 된다. 그리고 가능성을 믿는 사람은, 언젠가 기회를 만든다. 그래서 콘텐츠를 만들 때마다, 스스로에게 물어야 한다.

이 콘텐츠는 단순히 소비되고 끝나는가,
아니면 누군가의 생각이나 행동을 바꾸는가.

사람들이 보고 웃고 넘기는 콘텐츠는 조회수로 끝난다. 사람들이 보고 멈추고, 생각하고, 다시 찾아오는 콘텐츠는 관계로 이어진다. 그리고 관계는 결국 기회로 이어진다.

조회수는 시작일 뿐이다. 진짜 변화는, 사람들이 당신을 기억하기 시작할 때부터 일어난다. 그 순간, 인스타그램은 단순한 SNS가 아니라, 당신의 가능성을 증명하는 자산이 된다.

"몇 시에 올려야 하나요?"

"릴스는 몇 초가 가장 잘 뜨나요?"

"해시태그는 몇 개가 좋나요?"

"알고리즘 타려면 어떻게 해요?"

강의를 하거나 DM을 열어보면, 가장 많이 받는 질문들이다. 사람들은 콘텐츠를 올리기 전에 알고리즘부터 이해하려고 한다. 알고리즘을 완벽하게 알아야만 시작할 수 있을 것처럼 느끼기 때문이다. 유튜브에서 알고리즘 강의를 찾아보고, 블로그 글을 저장

하고, 정리하고, 분석한다.

그런데 이상한 일이 벌어진다. 알고리즘은 누구보다 열심히 공부했는데, 정작 콘텐츠는 하나도 없다. 완벽하게 이해하고 시작하려다가, 결국 시작하지 못하는 것이다. 나 역시 그랬다. 릴스 길이는 몇 초가 좋은지, 음악은 무엇을 써야 하는지, 자막 스타일은 어떤 게 좋은지, 하나하나 고민했다. 그렇게 올린 첫 릴스의 결과는 단순했다.

조회수 7.

그 순간 깨달았다. 알고리즘을 안다고 해서, 알고리즘이 나를 밀어주는 것은 아니라는 것을. 반대로, 아무 기대 없이 올린 영상 하나가 예상치 못한 결과를 만들기도 했다. 어느 날 올린 릴스 하나가 갑자기 수만 명에게 노출됐고, 팔로워가 하루에 수십 명씩 늘어나기 시작했다.

그때부터 알고리즘을 공부하는 대신, 알고리즘이 좋아하는 행동을 반복하기로 했다. 콘텐츠를 만들고, 올리고, 반응을 보고, 다시 만들었다. 잘 된 콘텐츠는 왜 잘 되었는지 확인하고, 반응이 약한 콘텐츠는 무엇이 부족했는지 점검했다. 이 과정을 반복하면서 자연스럽게 알게 됐다. 알고리즘은 공부해서 이해하는 것이 아니라, 올리면서 이해하는 것이라는 것을.

알고리즘의 본질은 단 하나다

인스타그램의 목표는 단순하다.

사용자를 더 오래 머무르게 하는 것.

사람들이 끝까지 보고, 저장하고, 공유하고, 다시 보는 콘텐츠를 만든 계정을 더 많이 노출시킨다. 반대로, 반응이 없는 콘텐츠는 자연스럽게 노출이 줄어든다. 이 기준은 감이 아니라, 데이터로 판단된다. 이 데이터는 공부로 쌓이지 않는다. 콘텐츠를 올려야만 쌓인다.

그래서 알고리즘을 공부만 하는 사람보다, 콘텐츠를 계속 올리는 사람이 훨씬 빠르게 성장한다. 나 역시 그 변화를 직접 경험했다. 릴스를 꾸준히 올리던 어느 날, 알림이 멈추지 않았다. 좋아요 알림, 팔로우 알림이 계속 울렸다. 릴스 하나가 터지면서 계정의 흐름이 완전히 바뀌었다.

17일 만에 팔로워 1만 명.

이 결과는 알고리즘을 완벽하게 이해해서 만든 것이 아니었다. 그저 멈추지 않고 올렸기 때문에 나온 결과였다. 여기서 중요한 사실이 하나 있다. 알고리즘은 완벽한 콘텐츠를 기다리지 않는다. 활발하게 활동하는 계정을 더 신뢰한다. 한 달에 한 번 완벽한 콘텐츠를 올리는 계정보다, 일주일에 3번 꾸준히 올리는 계정을 더 많이 노출시킨다. 이것이 알고리즘의 본질이다.

대부분이 놓치고 있는 이것

많은 사람들이 콘텐츠를 꾸준히 올리려고 노력한다. 그런데 조회수도, 팔로워도, 반응도 생각만큼 따라오지 않는다. 그래서 더 좋은 콘텐츠를 만들어야 한다고 생각한다. 하지만 문제는 콘텐츠가 아니라, 애초에 발견될 수 없는 상태로 운영하고 있기 때문인 경우가 많다.

콘텐츠는 가게와 같다. 아무리 잘 만들어도, 간판이 꺼져 있고 입구가 닫혀 있으면 아무도 들어올 수 없다. 인스타그램도 마찬가지다. 알고리즘이 내 콘텐츠를 발견하고, 추천하고, 퍼뜨릴 수 있는 상태로 열려 있어야 비로소 성장 흐름이 만들어진다.

그래서 콘텐츠를 하나 더 만들기 전에, 반드시 먼저 확인해야 할 것이 있다.

'내 계정이 발견될 수 있도록 제대로 열려 있는가?' 이 기본이 막혀 있으면, 아무리 열심히 올려도 노출은 제한될 수밖에 없다.

나는 계정을 운영하면서 반드시 켜두는 핵심 항목 5가지를 정리해두었다. 이 부분만 제대로 열어둬도, 같은 콘텐츠라도 더 자주 추천되고, 더 많은 사람에게 발견되며, 계정 성장 속도 자체가 달라지기 시작한다. 이 5가지 핵심 기능들을 하나씩 알아보자.

인스타 알고리즘 필수 세팅 체크리스트 5가지

1. 공개 범위 및 검색 노출 허용

이 기능을 켜야 구글 같은 외부 검색 엔진에서도 내 콘텐츠가 노출된다. 이 설정이 꺼져 있으면, 내 콘텐츠는 인스타그램 내부에서만 노출된다. 외부에서 나를 발견할 기회 자체가 사라진다.

세팅 방법

설정 → 계정 공개 범위 → '공개 사진과 동영상이 검색 엔진 결과에 표시되도록 허용' 활성화

2. 공유 및 다시 사용 설정 전체 활성화

공유는 알고리즘이 가장 좋아하는 신호 중 하나다. 이 설정이 꺼져 있으면, 내 콘텐츠가 퍼질 수 있는 가능성 자체가 제한된다.

세팅 방법

설정 → 공유 및 다시 사용 → 아래 4가지 항목 모두 활성화

1. 스토리에 게시물 및 릴스 공유
2. 게시물과 릴스의 리포스트
3. 게시물
4. 릴스

3. 추천 노출 및 고화질 업로드 활성화

추천 노출 설정과 업로드 품질은 도달률의 출발점이다. 아무리 좋은 콘텐츠라도 추천 노출이 제한되어 있거나 업로드 품질이 낮으면, 플랫폼이 콘텐츠를 확산시키는 힘이 약해진다. 특히 인스타그램에서는 추천 피드 노출 가능성을 열어두는 설정과 고화질 업로드 활성화를 기본값으로 점검해야 한다.

세팅 방법

1. 설정 → 콘텐츠 기본 설정 → '피드에서 추천 게시물 잠시 숨기기' 비활성화
2. 설정 → 미디어 품질 → '고화질 업로드' 활성화

4. 릴스 업로드 시 번역 및 캡션 활성화

이 기능을 켜면 내 콘텐츠는 국내 사용자뿐 아니라 해외 사용자에게도 노출된다. 노출 범위가 국내에서 글로벌로 확장되는 중요한 설정이다.

세팅 방법

릴스 업로드 화면 → 옵션 더보기 → 아래 2가지 항목 모두 활성화

1. 선택 캡션 활성화

5. 계정 추천 표시 활성화

이 기능을 켜야 다른 계정의 추천 영역에 내 계정이 노출된다. 팔로워가 늘어나는 주요 경로 중 하나다. 단, 이 설정은 PC에서만 가능하다.

세팅 방법

프로필 편집 → '프로필에 계정 추천 표시' 활성화

이 5가지 설정만으로도 노출 범위는 크게 달라진다. 같은 콘텐츠를 올려도, 어떤 계정은 수백 명에게만 노출되고, 어떤 계정은 수만 명에게 노출된다. 그 차이는 콘텐츠 이전 단계, 바로 이 기본 설정에서 시작된다.

돈버는 실전 자료 #3 알고리즘 필수 세팅 체크리스트 5

그래서 이 설정 과정을 실제 화면으로 따라 할 수 있도록 릴스 영상으로 따로 정리해두었다. 설정 메뉴에 들어가는 것부터, 어떤 버튼을 켜야 하는지까지 그대로 따라 하면 된다. QR코드를 통해 확인하고, 지금 바로 세팅해보자! 이 작은 설정 하나가, 당신의 콘텐츠가 발견되는 출발점이 되어줄 것이다.

마지막으로, 꼭 기억했으면 하는 말이 있다. 알고리즘을 완벽하게 이해한 뒤 시작하려 하지마라. 시작한 사람이 알고리즘을 이해하게 된다. 알고리즘은 공부하는 대상이 아니라, 반응을 통해 배우는 대상이다.

알고리즘 세팅보다 중요한 것은, 콘텐츠를 올리는 행동 그 자체다. 세팅만 하고 콘텐츠를 올리지 않으면 아무 일도 일어나지 않는다. 완벽하게 이해한 뒤에 시작하려고 하면, 시작하지 못한다. 인스타그램에서 성공하는 사람들의 공통점은 단 하나다. 알고리즘은 완벽한 사람을 밀어주지 않는다. 움직이는 사람을 밀어준다. 완벽하지 않아도 괜찮다.

그냥 하나 더 올려라.

그 콘텐츠 하나가, 당신 계정의 흐름을 바꾸고, 당신의 수익 구조를 바꾸고, 당신의 인생을 바꾸는 시작점이 될 수 있다.

소심해도 괜찮아,
DM 하나로 돈만 잘 법니다

조회수 터지는
트렌디한 효과음 추천
효과음이라고
Instagram
reelta.gangsa
reelta.gangsa 및 positive_feel.tr
오리지널 오디오
reelta.gangsa [공유] 효과음 전부 다 받는 법
댓글에 '효과음' 남기면
무료로 바로 보내드려요!
이번 릴스에 나온 효과음 7가지를
한 번에 정리해서 드립니다 :)
릴스 만들 때 바로 써먹을 수 있는
센스 있는 효과음만 모았어요!
릴스 꿀팁 더 보고 싶다면
@reelta.gangsa
긍정필터 팔로우하기
수정됨 5일
alpaca_is_free 효과음
1일 답글 달기
답글 보기(1개)
banchan_joy 뒤에 조명이 은은해서 따뜻한 봄 느낌이나네요
success.pattern님 외 383명이 좋아합니다
5일 전
댓글 달기...

"댓글에 '효과음' 남기고 효과음 자료 받아가세요."

요즘 릴스를 보다 보면 이런 문구를 한 번쯤은 봤을 것이다. 처음에는 단순한 이벤트라고 생각할 수 있다. 하지만 이 문장 뒤에는 지금 인스타그램에서 가장 강력한 수익 구조 중 하나가 숨어 있다. 그리고 이 구조는 말 잘하는 사람, 외향적인 사람, 얼굴을 공개하는 사람만을 위한 것이 아니다.

오히려 소심한 사람, 말하기 어려워하는 사람, 얼굴 없이 활동하는 사람에게 훨씬 유리한 구조다. 왜냐하면 이 구조의 핵심은 '말'이 아니라, '시스템'이기 때문이다. 이 릴스들의 공통점은 하나다. 댓글을 유도하고, 그 댓글을 단 사람에게 자동으로 DM이 전송되는 구조를 만들어 놓았다는 것이다. 사용자는 그저 댓글만 남기면 된다. 그러면 자동으로 DM이 도착하고, 그 안에는 가이드, 링크, 안내 자료, 상담 연결 등 다음 단계로 이어지는 흐름이 이미 준비되어 있다.

이 과정에서 중요한 점은 하나다. 내가 먼저 말을 걸 필요 없이, 모든 흐름이 자동으로 흘러가도록 만들 수 있다는 것. 콘텐츠가 대신 말을 걸고, 댓글이 관계를 시작하고, DM이 자연스럽게 다음 단계로 연결해준다. 당신은 그저 콘텐츠를 만들고, 그 흐름이 작동하도록 한 문장만 추가하면 된다. 예를 들어, 릴스 하나를 올리고 이렇게 적는 것이다.

"댓글에 '전자책'이라고 남기면 구매 링크 보내드립니다."

겉으로 보면 단순힌 인내 문장처럼 보인다. 하시반 이 한 분장이, 시스템을 움직이는 시작점이 된다. 전자책에 관심 있는 사람은 댓글에 '전자책'이라고 남긴다. 그러면 자동으로 그 사람의 DM으로 전자책 구매 링크가 전송된다. 내가 직접 링크를 보내지 않아도 된다. 내가 답장을 하지 않아도 된다. 댓글이 달리는 순간, 이미 설정해둔 시스템이 대신 움직인다.

이 흐름은 생각보다 강력하다. 관심 있는 사람만 댓글을 남기기 때문에, 이미 어느 정도 구매 의사가 있는 상태다. 콘텐츠는 관심 없는 사람까지 설득하는 도구가 아니라, 관심 있는 사람을 자연스럽게 다음 단계로 이동시키는 입구가 된다.

이 구조의 가장 큰 장점은, 한 번 만들어두면 계속 작동한다는 것이다. 콘텐츠는 계속 노출되고, 관심 있는 사람은 계속 댓글을 남기고, 구매 링크는 계속 자동으로 전달된다. 당신이 잠을 자는 동안에도, 출근해서 일을 하는 동안에도 콘텐츠는 당신 대신 관심 있는 사람을 연결하고, 수익으로 이어지는 흐름을 만든다. 이제 수익은, 직접 하나씩 답장하는 사람이 아니라, 흐름을 만들어

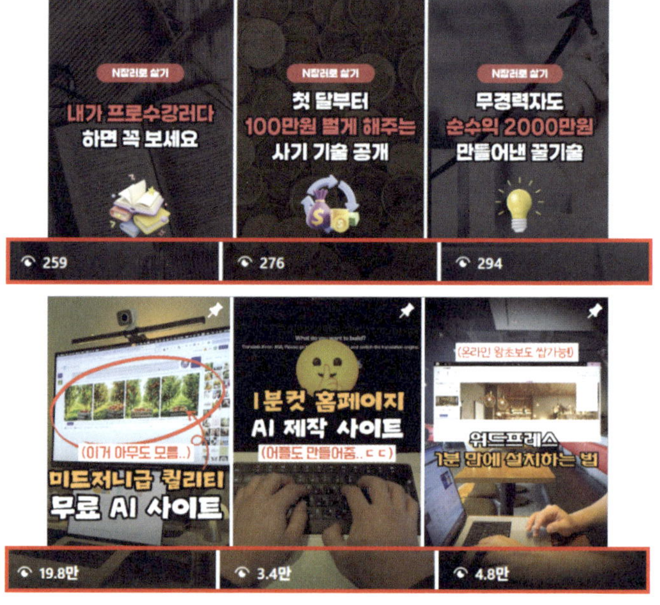

(위/아래) 자동 DM 적용 전후 릴스 조회수 차이

둔 사람에게 쌓이기 시작한다.

이것이 바로 자동화의 힘이다. 많은 사람들이 여전히 수익을 만들기 위해 직접 움직여야 한다고 생각한다. 더 열심히 일해야 하고, 더 많은 시간을 써야 하고, 더 많은 노력을 해야 한다고 믿는다.

하지만 지금은, 직접 하나하나 답장하는 사람이 아니라 흐름을 만들어둔 사람이 결과를 가져가는 시대다. 콘텐츠 하나에 댓글 유도 문장을 넣고, 댓글이 달리면 자동으로 DM이 전달되도록 설정해두면 된다. 그러면 관심 있는 사람은 댓글을 남기고, 시스템은 그 사람에게 자동으로 안내 링크, 자료, 구매 페이지를 전달한다. 내가 직접 응대하지 않아도, 콘텐츠가 대신 연결을 만들고 다음 단계로 이어지게 된다.

이 구조를 가능하게 해주는 도구들은 이미 다양하게 나와 있다. 처음에는 매니챗ManyChat 같은 해외 서비스가 이 기능을 먼저 도입했다. 다만 영어 기반이라 설정 과정이 다소 복잡하게 느껴질 수 있다. 그래서 나는 한국어로 쉽게 설정할 수 있는 '소셜비즈'를 활용해 DM 자동화 시스템을 구축했다. 이 자동화 구조를 만들어두면 얻는 이점은 분명하다. 관심 있는 사람에게 즉시 정보를 전달할 수 있고, 답장 타이밍을 놓쳐 기회를 잃는 일이 사라지며, 콘텐츠 하나로 반복적인 연결 구조를 만들 수 있다.

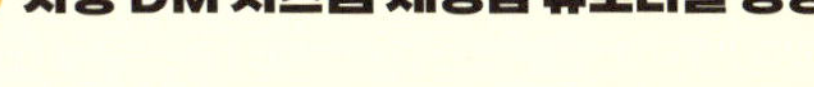

자동 DM 시스템 세팅 방법과 실제 적용 과정은 아래 유튜브 튜토리얼에서 단계별로 확인할 수 있도록 정리해두었다.

콘텐츠 하나, 댓글 하나, DM 하나.

지금은 말을 잘하는 사람이 아니라, 흐름을 설계한 사람이 기회를 가져가는 시대다. 이 3가지만 연결해도, 계정은 단순한 기록 공간이 아니라 수익이 만들어지는 구조로 바뀌기 시작한다. 당신이 해야 할 일은 단 하나다. 그 흐름을 시작하는 콘텐츠 하나를 올리는 것. 수익은, 생각보다 가까운 곳에서 시작된다.

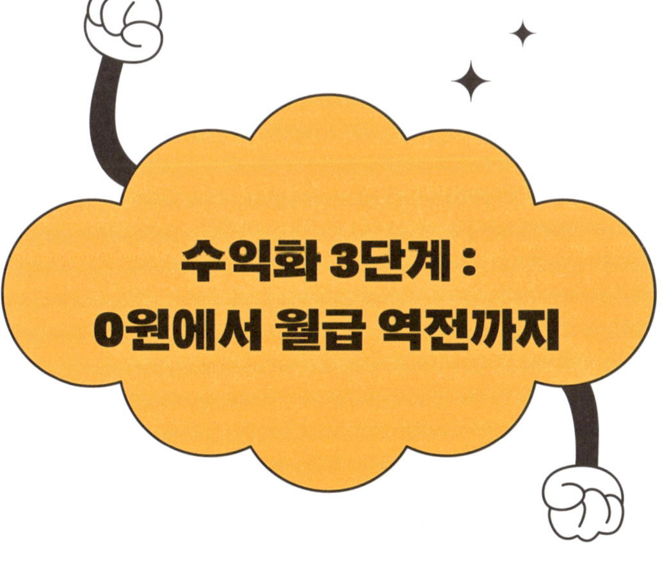

나는 처음부터 대행사를 만들겠다는 목표로 시작하지 않았다. 원대한 꿈도 없었다. 그저, 빚을 갚고 싶었다. 월급만으로는 속도가 나지 않았다. 통장 잔고는 늘 제자리였고, 아무리 성실하게 일해도 상황은 크게 달라지지 않았다. 그때 처음으로 이런 생각이 들었다.

"회사 말고, 다른 곳에서도 돈을 벌 수는 없을까?"

큰돈이 아니어도 괜찮았다. 단 10만 원이라도 월급날이 아니라, 내 행동으로 돈이 들어오는 경험. 그 순간을 경험하고 싶었다. 이게 내가 인스타를 시작한 이유였다. 그러나 당시의 나는 인스타그램을 제대로 해본 적도 없었다. 영상 편집을 배운 적도 없었다. 릴스를 어떻게 만드는지도 몰랐다. 그저 퇴근 후 침대에 누워, 스마트폰으로 릴스를 하나씩 만들기 시작했다.

그 결과 지금은 릴스 제작을 기반으로 수익을 만들고, 여러 기업과 협업하고, 팀과 함께 운영하는 구조까지 만들게 됐다. 하지만 이 과정은 갑자기 일어난 일이 아니다. 0원에서 시작해서, 월급을 넘는 수익 구조를 만들기까지는 분명한 3단계가 있었다.

지금부터, 내가 실제로 돈을 벌게 된 흐름을 단계별로 알려주겠다. 이 과정을 알게 되면, 당신이 지금 어디에 있고, 어디로 가야 하는지 훨씬 선명해질 것이다.

"내가 만든 영상이, 진짜 돈이 된다고?"

누군가 내 계정을 보고 자신의 계정 릴스를 만들어줄 수 있냐고 물어왔다. 그때까지 나는 내 계정에만 영상을 올려봤지, 누군가를 위해 콘텐츠를 만들어준 적은 없었다. 그래도 한 번 해보기로 했다.

퇴근 후, 늘 하던 것처럼 침대에 누워 스마트폰으로 편집을 시작했다. 캡컷을 켜고, 영상을 자르고, 자막을 넣고, 음악을 맞췄다.

이미 수십 번 해봤던 작업이었다. 특별히 새로운 건 없었다. 완성된 영상을 전달하고 며칠 뒤, 통장에 10만 원이 입금됐다. 그 숫자를 한참 동안 바라봤다.

18:25:29　모바일	입금
	100,000원

퇴근후 릴스 만들었더니 돈을 주다니. 출근도 하지 않았고, 보고서를 쓰지도 않았고, 회의에 참석하지도 않았다. 단지 내가 만든 영상 하나가 돈으로 바뀐 것이었다. 그 경험은 단순히 10만 원 이상의 의미가 있었다. 퇴근 후 사부작사부작 만들어보던 릴스가, 실제로 수익으로 이어질 수 있다는 것을 처음으로 확인한 순간이었다.

그 이후로 깨달았다. 콘텐츠를 만드는 능력은 단순한 취미가 아니라, 충분히 돈이 되는 기술이라는 것을. 내가 이미 하고 있던 행동이 누군가에게는 필요한 일이었고, 그 필요는 자연스럽게 수익으로 이어질 수 있었다. 이때 중요한 건 금액이 아니었다. 월급이 아닌 돈을, 처음으로 스스로 만들어봤다는 사실. 그 경험 하나가, 내 돈을 버는 뇌구조를 완전히 바꿔놓았다.

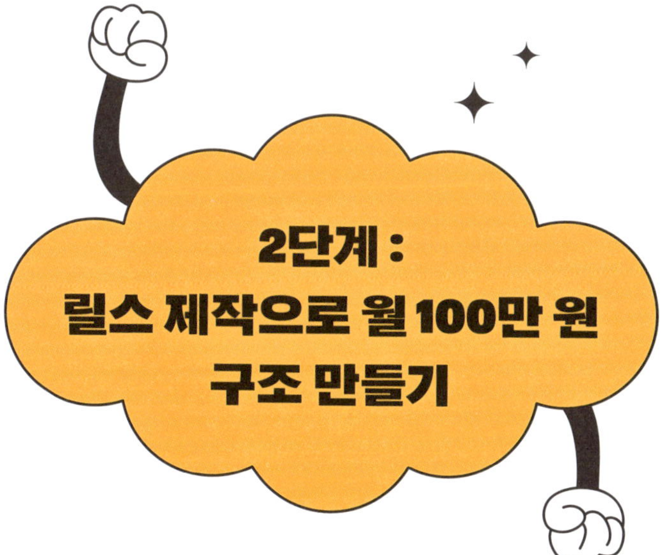

계정이 성장하면서 점점 더 다양한 문의가 들어오기 시작했다. 처음에는 개인 계정 중심이었다면, 어느 순간부터는 회사 계정들도 문의를 보내오기 시작했다. 브랜드, 전문직, 스타트업 계정까지 다양한 분야에서 콘텐츠 제작 및 출강을 의뢰했다. 그들은 하나같이 같은 말을 했다.

"저희도 계정 키우려고 하는데 릴스 제작 가능하실까요?"

이때부터 나는 개인 단위가 아니라, 회사 단위 릴스 제작도 맡

[출장 강의 문의]　　　　　　　　출장 강의 문의 건.

보낸사람

받는사람　giver_sonny@naver.com

2025년 11월 24일 (월) 오후 2:58

안녕하세요,　　　　　입니다.

브랜드 서포터즈 혜택의 하나로,
숏폼 제작 클래스를 제공하고자 하여 문의 드립니다.

아래 사항에 대해 회신 부탁드립니다.

기 시작했다. 회사들은 이미 좋은 제품과 서비스를 가지고 있었지만, 그것을 효과적으로 보여줄 콘텐츠가 부족한 경우가 많았다. 나는 그들의 서비스와 강점을 분석하고, 릴스 형태로 재구성했다. 사람들이 자연스럽게 시청하고, 공감하고, 저장하고, 공유할 수 있는 형태로 콘텐츠를 만들었다.

결과는 빠르게 나타났다. 조회수가 올라가고, 팔로워 수는 50

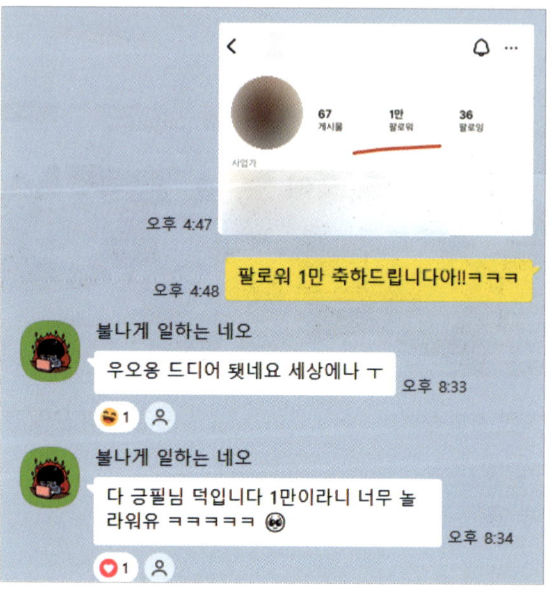

배 이상 증가하고, 실제 문의나 매출로 이어졌다. 그 결과, 추가 제작 요청이 이어졌고, 장기 계약으로 연결되는 경우도 많았다. 하나의 영상 제작이 끝이 아니라, 지속적인 콘텐츠 제작 파트너로 함께 일하게 된 것이다.

이 단계에서 가장 크게 달라진 점은, 내가 하는 일이 단순한 '영상 제작'이 아니라 '결과를 만드는 콘텐츠 제작'이 되었다는 점이다. 콘텐츠는 단순히 보여주는 것이 아니라, 실제 비즈니스 성과로 이어질 수 있다는 것을 직접 경험하게 되었다.

점점 더 많은 회사들과 협업하게 되었고, 릴스 제작은 내 수익

구조에서 중요한 축이 되었다. 내가 만들 수 있는 콘텐츠의 범위
는 계속 넓어졌고, 그만큼 새로운 기회들도 자연스럽게 늘어났다.
이 단계는 개인이 아닌, 비즈니스 단위로 콘텐츠 제작을 경험하며
한 단계 더 성장하는 과정이었다.

협업이 늘어나면서, 수익도 점점 안정되기 시작했다. 처음에는 부업으로 시작했던 일이, 어느 순간 월급을 넘어서는 수준까지 올라왔다. 그 시점에 나름 중대한 결정을 내렸다. 퇴사를 한 것이다. 이미 회사에서 보내는 시간보다, 내 계정과 콘텐츠에 쓰는 시간이 더 많은 수익을 만들고 있었다. 내 온라인 비즈니스에 집중하는 것이 훨씬 합리적인 선택이었다.

퇴사를 한 뒤, 더 많은 프로젝트를 맡기 시작했다. 그만큼 수익도 늘어났다. 하지만 곧 새로운 한계에 부딪혔다. 시간이었다. 혼자 할 수 있는 양에는 분명한 한계가 있었다. 고객사 정보 분석부터 기획, 편집도 해야 하고, 고객 응대도 해야 했다. 일은 계속 늘어나는데, 내 시간은 그대로였다.

“이제는 혼자 하는 방식으로는 더 이상 확장할 수 없겠구나.”

그래서 하나씩 역할을 나누기 시작했다. 편집을 도와주는 사람, 촬영을 도와주는 사람, 고객 응대를 도와주는 사람. 처음부터 팀을 만든 것이 아니라, 혼자 감당이 안 될 시점이 왔을 때, 그때 확장한 것이다.

많은 사람들이 처음부터 규모를 키우려고 한다. 하지만 고객 없이 팀부터 만들면, 비용만 나가고 오래 버티기 어렵다. 반대로, 고객이 먼저 생기고, 일이 넘치기 시작하고, 혼자 감당이 어려워지는 시점이 오면 그때 자연스럽게 확장하면 된다.

나 역시 처음에는 10만 원짜리 영상 하나로 시작했다. 인스타그램 앱을 처음 설치하고, 릴스 하나를 만들어 올리던 사람이었다. 아는 것도 없었고, 준비된 것도 없었다. 그저 퇴근 후 침대에 누워, 하나씩 만들어봤을 뿐이다. 사업을 해야겠다는 생각도, 팀을 만들겠다는 목표도 없었다. 돌이켜보면, 지금의 구조노 대단한 결심에서 시작된 것이 아니었다.

인스타 어플 깔아보고, 릴스 하나 만들어봤던 그 아주 작은 경험에서 출발했다. 이 이야기를 하는 이유는 하나다. 처음부터 크게 시작할 필요는 없다는 거다. 사업자도 필요 없고, 완벽히 다 갖춘 뒤에 시작할 필요도 없다.

지금 필요한 건 단 하나다. 릴스 하나, 만들어보는 것. 그 행동 하나가, 돈을 버는 기준을 바꾸고, 가능하다고 믿는 범위를 바꾸고, 결국 당신의 선택지를 완전히 바꿔놓는다. 처음부터 결과가 나올 필요도 없다. 하지만 시작하지 않으면, 아무 일도 일어나지 않는다.

릴스 하나.

그 작은 시작이 인생의 흐름을 바꾸는 출발점이 될 수 있다.

 숏폼 대행 공식

내가 10만 원 수익화에서 시작해 대행사 대표까지 확장할 수 있었던 결정적인 키는 '숏폼 대행'이었다. 숏폼 대행은 한마디로, 다른 사람(브랜드)의 릴스를 대신 만들어주고 돈을 받는 일이다.

내 계정을 키우는 것과 별개로, 내 실력을 바로 현금으로 바꿀 수 있는 가장 현실적인 루트였다. 그래서 이 파트는 그냥 "정보"로 끝내고 싶지 않았다. 진짜로 따라 하면 바로 시작할 수 있게, 내가 쓰던 방식 그대로 정리해서 준비했다.

숏폼 대행이 정확히 어떤 일인지, 왕초보가 어디서부터 시작해야 하는지, 월 200만 원 구조는 어떻게 만드는지 궁금하다면 상단의 QR코드를 스캔해 전자책을 보면 된다.

광고주가 먼저 연락하는
계정의 비밀

광고주는 생각보다 적극적으로 광고를 받을 사람을 찾는다. 단, 아무 계정이나 찾지는 않는다. 대부분은 이렇게 생각한다.

"팔로워가 많아야 광고가 들어온다더라."

반은 맞고 반은 틀리다. 광고주는 팔로워 숫자보다 먼저 프로필을 본다. 릴스로 관심이 생기면, 바로 DM부터 보내지 않는다. 프로필에 들어가서 2초 안에 판단한다.

- 이 계정은 뭐 하는 계정인가?
- 연락은 어디로 하면 되나?

여기서 답이 안 나오면, 릴스가 터져도 기회는 그냥 지나간다.

반대로 팔로워가 많지 않아도, 프로필이 명확하면 광고주는 먼저 연락한다.

결국 차이는 하나다.

'연락하고 싶어지는' 프로필 세팅!

프로필만 봐도 "이 계정이 무엇을 하는 계정인지" 명확하게 이해 돼야 연락이 온다.

✦ 연락이 오는 인스타 프로필 3요소

프로필은 결국 이 3가지만 보면 된다.

1. 프로필 사진

2. 이름

3. 소개글

이 3가지만 제대로 잡아도 계정의 신뢰도가 확 달라진다.

1. 프로필 사진 : 예쁜 게 아니라, "이 분야 사람"처럼 보이기

프로필 사진은 계정의 얼굴이자 첫인상이다. 사람들은 릴스를 보기 전에도, 프로필을 읽기 전에도, 먼저 프로필 사진을 본다. 프로필 사진은 반드시 정사각형 330×330픽셀 기준으로 제작하는 것이 좋다. 그래야 인스타그램에서 잘리지 않고 가장 선명하게 보인다. 여기서 중요한 것은 '예쁜 사진'이 아니라, 시장에 맞는 사진이다.

많은 사람들이 실수하는 부분이 바로 이것이다. 독특해야 살아남는다고 생각해서, 다른 계정들과 완전히 다른 스타일을 시도한다. 하지만 실제로 사람들은 자신이 이미 익숙한 스타일에 더 큰 신뢰를 느낀다.

그래서 가장 먼저 해야 할 일은 내가 운영하려는 주제와 같은 계정들을 살펴보는 것이다. 예를 들어, 내가 건강이나 다이어트 계정을 운영할 때를 떠올려보자. 이 분야의 상위 계정들을 보면 대부분 얼굴 사진을 사용하고 있었다. 그래서 나 역시 얼굴 사진을 사용했다. 반대로 동기부여 콘텐츠 계정을 운영할 때는 로고 기반 계정이 많았다. 그래서 '긍정필터' 로고를 프로필 사진으로 사용했다. 이 선택은 감이 아니라, 시장 조사에서 나온 결과였다.

사람들은 새로운 것을 찾는 것 같지만, 실제로는 익숙한 것을 선택한다. 그래서 프로필 사진은 창작이 아니라, 벤치마킹에서 시작해야 한다. 추가로, 신뢰가 중요한 계정일수록 얼굴 사진을 사용하는 것이 유리하다. 예를들어, 전문직, 컨설턴트, 공동구매 계정들은 얼굴이 보일수록 신뢰도가 높아진다. 사람들은 '콘텐츠'보다 '사람'을 신뢰하기 때문이다. 만약 얼굴 공개가 부담스럽다면, 캐릭터나 로고를 사용하는 것도 좋은 방법이다. 이 경우 반드시 브랜드 컬러를 정해서 일관되게 사용하는 것이 중요하다. 색상만으로도 계정의 정체성이 만들어지기 때문이다.

2. 이름 : 검색되는 핵심 키워드를 넣어라

많은 사람들이 모르는 사실이 하나 있다. 인스타그램에서 '이름'은 검색이 된다는 사실이다. 인스타그램에서 '이름'은 단순한 닉네임이 아니다. 검색 키워드로 사용되는 매우 중요한 영역이다. 많은 사람

들이 이름을 이렇게 설정한다.

긍정필터

이렇게 하면 닉네임만 알려주고, 검색 노출 기회를 놓치게 된다. 올바른 설정 방법은, 닉네임 + 키워드 구조다.

긍정필터 | 숏폼 대행 에이전시
긍정필터 | 마케팅 꿀팁 공유

이렇게 설정하면, 사람들이 '릴스', '인스타', '마케팅' 같은 키워드로 검색할 때 계정이 노출될 확률이 높아진다. 광고주 역시 같은 방식으로 계정을 찾는다.

"릴스 제작 잘하는 계정 없나?"

"인스타 마케팅 계정 찾아볼까?"

이때 이름에 키워드가 포함된 계정이 먼저 발견된다. 특히 오프라인 비즈니스의 경우, 지역 키워드까지 포함하는 것이 중요하다.

카페긍정 | 압구정 말차 디저트 맛집

이렇게 설정하면 지역 기반 검색에도 노출된다. 이름 한 줄이, 계정의 발견 확률을 결정한다.

3. 소개글 : 광고주가 DM 보낼지 말지 결정하는 3줄

소개글은 3줄로 끝낸다. 길게 쓰면 안 읽는다.

1줄 - 내가 주는 가치

2줄 - 관련 성과 또는 이벤트

3줄 - 행동 유도 (문의/협업 안내)

내 계정 주제와 관련한 성과가 있는 경우에는 아래처럼 쓰면 된다.

예시(성과가 있는 경우)

🚀 조회수 터지는 릴스 꿀팁 공간

🏆 100만뷰 릴스 다수 보유

⬇️ 릴스 제작 문의 ⬇️

광고주는 이 소개글을 보고 바로 판단한다.

"아, 이 계정은 릴스를 잘 만드는 계정이구나."

"이 계정에 문의하면 되겠구나."

광고주가 이 소개글을 보는 순간, 무엇을 하는 계정인지 이해하고, 어디로 연락해야 하는지 알 수 다. 만약 아직 성과가 없다면, 목표를 적어도 충분하다. 사람들은 완성된 전문가뿐 아니라, 성장하는 과정에도 신뢰를 느끼기 때문이다.

예시(성과가 아직 없는 경우)

🔥 릴스로 팔로워 1만 모으는 중입니다

📈 0명 → 528명 돌파! (3/10기준)

⬇️광고/협업 문의 ⬇️

여기서 중요한 마지막 요소가 하나 더 있다. 바로 행동 유도CTA: Call To Action 장치다.

- 신청하기 (X)
- ⬇️신청하기⬇️(O)

이렇게 이모티콘(⬇️)까지 포함하면 클릭율이 훨씬 높아진다. 사람의 시선은 자연스럽게 화살표를 따라가기 때문이다.

많은 사람들이 릴스에만 집중한다. 하지만 광고주는 릴스를 보고, 프로필에서 결정한다. 릴스는 관심을 만들고, 프로필은 확신을 만든다. 광고주가 먼저 연락하는 계정은 특별한 계정이 아니다. 자신이 누구인지, 무엇을 하는 계정인지, 어디로 연락하면 되는지, 이 세 가지가 명확하게 정리된 계정이다.

프로필은 단순한 소개가 아니라, 기회를 받기 위한 준비다. 릴스를 올리는 것도 중요하지만, 그 기회를 받을 준비가 되어 있는 것이 더 중요하다. 광고주는 지금도 새로운 계정을 찾고 있다. 그리고 그들은 DM을 보내기 전, 당신의 프로필부터 보고 있다.

지금 당신의 프로필은, 광고주가 연락할 준비가 되어 있는가.
광고주는 완벽한 계정을 찾는 게 아니다. 명확한 계정을 찾는다.

- 뭐 하는 계정인지
- 누구를 도와주는지
- 어디로 연락하면 되는지

이 3가지만 명확하면, 문의는 시작된다. 프로필은 한 번 세팅해두면, 24시간 당신을 대신해 일한다. 당신이 자고 있는 동안에도, 다른 일을 하고 있는 동안에도, 누군가는 당신의 프로필을 보고, 협업을 고민하고, DM을 보낸다.

이것이 바로, 프로필을 '설계'해야 하는 이유다.

지금 당장 팔로워가 많지 않아도, 조회수가 높지 않아도 괜찮다. 프로필이 준비되어 있다면, 기회는 언제든지 들어올 수 있다. 내가 알려준 이 구조만 제대로 따라 해도, 당신의 계정으로 들어오는 문의량이 분명히 달라질 것이다. 릴스가 관심을 만들고, 프로필이 확신을 만들고, 확신이 문의를 만든다. 그리고 그 시작은, 지금 당신의 프로필을 제대로 세팅하는 것에서부터 시작된다.

PART 4

의지 없는 사람도
돈 별 수 있는
'지속 시스템'

의지 말고, 구조를 바꿔라

솔직히 말해보자. 당신이 부족한 건 의지가 아니다.

"이번엔 진짜 꾸준히 해볼게요."

이 말, 살면서 몇 천 번은 했을 거다. 퇴근 전에는 늘 다짐한다. 오늘은 집 가서 릴스 하나 만들어야지. 자료도 정리하고, 아이디어도 적고, 계정도 좀 다듬어야지. 그런데 집에 도착하면 몸이 먼저 눕고 싶어 한다. 그날의 의욕은 이미 회사에 다 쓰고 왔다. 그리고 스스로를 깎아내린다. "나는 왜 이렇게 의지가 약하지…"

하지만 진짜 문제는 의지가 약해서가 아니다. 의지에만 기대는 방식으로 해왔기 때문에 무너진 것이다. 나도 그랬다. 지금은 콘텐츠 마케팅과 수익화를 알려주는 계정을 운영하지만, 처음부터 이 주제로 시작한 건 아니다. 내 첫 계정은 다이어트·건강 계정이었다. 전문가라서 시작한 게 아니다. 그때 내가 가장 관심 있던 게 건강관리와 식단이었기 때문이다. 책을 찾아보고, 유튜브를 보고, 직접 해본 것들을 정리해두고 싶었다. 그래서 공유했다.

억지로 짜낸 콘텐츠가 아니라, 내가 이미 계속 보고 있던 주제였다. 그래서 할 말이 있었다. 이후 관심사가 멘탈과 습관으로 옮겨가면서 동기부여 계정을 운영했고, 지금은 내가 직접 겪은 경험을 바탕으로 콘텐츠와 수익화를 이야기한다. 계정은 바뀌었지만 흐름은 같았다. 전문가라서 시작한 게 아니라, 계속 보고 생각하던 주제였기 때문에 꾸준히 말할 수 있었다. 그때 깨달았다. 성과는 의지력의 총합이 아니라, 반복 가능한 구조의 결과라는 것을.

"내가 잘 아는 분야로 시작하라"는 말의 진짜 의미는 지식이 많아서가 아니다. 지속할 수 있어서다. 나는 몇 달 동안 주말 포함 1일 1콘텐츠를 올렸다. 완벽해서가 아니었다. 포맷을 정해놓고 그

틀 안에서 계속 올렸을 뿐이다. 얼굴을 보이든 말든, 내레이션을 하든 자막만 쓰든 정답은 없었다. 핵심은 내가 오래 가져갈 수 있는 스타일을 고정하는 것이었다. 인스타는 릴스 콘텐츠 10개 올리고 끝나는 게임이 아니다. 누가 더 오래, 더 꾸준히 새로운 가치를 공급하느냐의 게임이다.

의지형 사람 VS 시스템형 사람

의지형 사람은 이렇게 생각한다. 기준이 늘 '기분'과 '상황'이다.

"오늘 컨디션 좋으면 많이 해야지."
"이번 주는 바쁘니까 다음 주부터."

시스템형 사람은 다르게 생각한다.

"내가 안 해도 굴러가게 뭘 만들어둘까?"
"컨디션 안 좋아도 돌아가게 뭘 고정할까?"

예를 들면 이런 차이다. 의지형은 인스타 어플 먼저 켜놓고 30분 동안 멍하니 고민한다.

"오늘 뭐 올리지…"

"이거 올려도 되나…"

"아, 감 안 오네. 내일 하지 뭐."

결국 아무것도 안 올린다. 시스템형은 다르다. 아예 고민할 상황을 없애버린다.

매일: 콘텐츠 시장조사 10분

화요일: 내가 최근에 배운 것 1개 정리

금요일: 내가 직접 해본 것 1개 공유

끝이다. 이러면 뇌가 덜 피곤해진다. "할까, 말까"를 고민하지 않아도 된다. 해내는 사람들은 의지력이 강해서가 아니라, 고민할 일을 최소화 한다.

시스템은 나를 과하게 몰아붙이지도 않는다. 매일 불타오를 필요 없다. 오히려 불타오르는 방식은 오래 못 간다. 지금의 인스타 환경에서는 주 2~3회 이상 꾸준한 업로드만으로도 충분히 성장 구조를 만들 수 있다. 중요한 건 폭발력이 아니라 지속성이다.

나도 시행착오를 정말 많이 했다. 릴스를 처음 만들 때는 PPT로 만들 정도로 편집에 문외한이었다. 그래서 편집하는데만 4~5

시간씩 걸렸다. 그런데 반복하니까 달라졌다. 속도가 붙고, 감이 생기고, 퀄리티도 자연스럽게 올라갔다. 그래서 중요한 건 완벽한 시작이 아니다. 반복 가능한 시작이다.

정리하면 이렇다. 해내는 사람들은 의지가 강해서 움직이는 게 아니다. 안 움직이기 어렵게 만들어놓고 움직인다. 당신도 마찬가지다. 내가 이미 관심 있는 주제로 시작하고, 오래 갈 수 있는 포맷을 정하고, 반복 가능한 시간대를 고정하고, 작은 업로드를 계속 쌓는 것. 이렇게만 가도 흐름은 바뀐다. 결과는 어느 날 갑자기 터지는 것처럼 보이지만, 실제로는 시스템이 오래 밀어 올린 결과다. 의지가 없어도 괜찮다. 돈은 의지가 강한 사람이 버는 게 아니라, 시스템을 만든 사람이 번다.

인생이 바뀌는 순간은 대개 거창하지 않다. 사직서를 내는 날도 아니고, 대박이 터지는 날도 아니다. 대부분은 아주 평범한 저녁, 퇴근 후 1시간을 다르게 쓰기 시작한 날부터 바뀐다.

많은 직장인들이 "시간이 없어서 못 한다"고 말한다. 맞는 말 같지만, 정확히는 반만 맞다. 진짜 없는 건 시간이 아니라 에너지다. 회사에서 하루 종일 일하고 사람을 상대하고 문제를 처리하고 오면, 퇴근 후에는 이미 머리를 많이 써버린 상태다.

그래서 집에 오면 누워서 쉬고 싶은 게 정상이다. 나도 똑같았다. 퇴근길에는 분명 마음먹는다. "오늘은 꼭 콘텐츠 하나 만든다." 그런데 집에 도착하면 소파가 이기고, 침대가 이기고, '딱 10분만'이 이긴다. 그리고 정신 차려보면 하루가 끝나 있다. 예전의 나는 이걸 의지 문제라고 생각했다.

"나는 왜 이렇게 꾸준하지 못하지?"
"왜 결심만 하고 실행을 못 하지?"

그런데 실제로 바뀐 건 의지가 아니라 루틴이었다.

'많이'가 아니라, '구조'로 가라

수차례 말하지만, 나는 인스타를 시작했을 때부터 바로 잘했던 사람은 아니었다. 오히려 반대였다. 인스타 어플조차 없던 사람이었고, 영상 제작 경험도 아예 없었다. 그런데 인스타로 돈을 벌 수 있다는 이야기를 듣고 나서 퇴근 후 시간을 인스타에 올인하기 시작했다. 영상 제작 경험이 없던 사람이 릴스를 만들기 시작했고, '긍정필터'라는 이름으로 콘텐츠를 쌓아갔다.

핵심은 재능이 아니었다. 퇴근 후 시간을 어디에 쓰느냐였다.

처음에는 나도 무작정 열심히 하려고 했다. 퇴근하고 3시간, 4시간씩 몰아서 해보려고 했고, 주말에 한 번에 다 끝내보려고도 했다. 그런데 그렇게 하면 오래 못 간다. 하루는 잘 되지만 다음 날 무너진다. 사람은 기계가 아니기 때문이다. 특히 직장인 N잡은 '폭발력'보다 '지속력'이 더 중요하다.

그래서 내가 바꾼 건 목표가 아니라 방식이었다.

"많이 해야지." (X)
"하루 1시간만, 매일 같은 구조로 하자." (O)

이게 내 루틴의 시작이었다. 여기서 진짜 중요한 건 '하루 1시간'이라는 숫자가 아니다. 구조다. 퇴근 후 1시간을 그냥 비워두면, 그 시간은 정말 놀랄 만큼 빨리 사라진다. 잠깐 눕고, 잠깐 폰 보고, 잠깐 쉬겠다고 했는데 정신 차려보면 하루가 끝나 있다. 반대로 같은 1시간이라도 용도를 미리 정해두면 그 시간은 소비되는 시간이 아니라, 쌓이는 시간이 된다. 즉, 피로를 푸는 시간과 별개로 내 미래를 만드는 자산 시간이 되는 것이다.

그래서 내가 추천하는 콘텐츠 루틴은 복잡하지 않다. 이름도 기억하기 쉽게 '10-20-30 법칙'이다.

10-20-30 법칙

10분 - 시장조사 (오늘 본 릴스 자료 모으기)

20분 - 기획하기 (콘텐츠 1개 주제와 첫 문장 잡기)

30분 - 제작하기 (편집하고 업로드까지 마무리)

왜 이 구조가 좋냐면, 직장인의 현실을 반영했기 때문이다. 매일 컨디션이 같을 수 없다. 어떤 날은 퇴근 후에도 머리가 잘 돌아가고, 어떤 날은 정말 아무것도 하기 싫다. 그런데 이 루틴은 그런 날까지 계산되어 있다. 피곤한 날에는 최소한 10분 수집만 해도 된다. 괜찮은 날에는 20분 기획까지 간다. 컨디션이 좋은 날에는 30분 제작 / 발행까지 끝낸다. 핵심은 "매일 완벽하게 해내는 것"이 아니라, 매일 흐름을 끊지 않는 것이다. 이 차이가 쌓이면, 결과 차이는 생각보다 훨씬 크게 벌어진다.

232

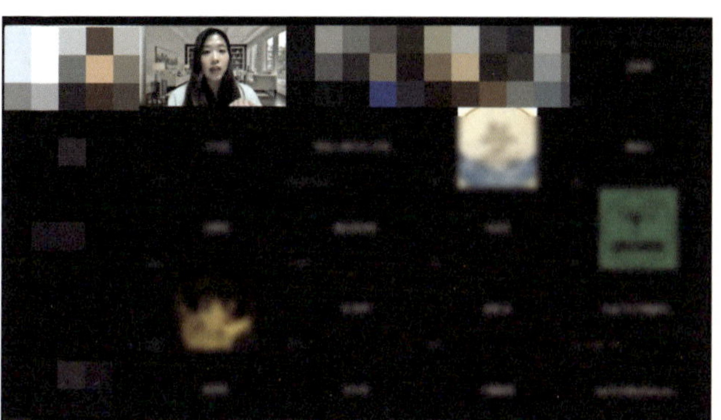

내가 이 루틴의 힘을 가장 크게 체감한 순간이 있었다. 바로 첫 유료 클래스 모집을 준비하던 때다. 어느 날, 이전에 무료로 진행했던 모임에서 한 분이 웃으면서 이렇게 말했다.

"긍필님, 계속 무료로만 하지 마시고 다음번엔 돈 받고 알려주세요~"

처음엔 솔직히 망설였다. '이걸 내가 돈 받고 해도 되나?'라는 생각이 먼저 들었다. 그런데 한 명이 아니라 여러 명이 같은 말을 해줬다. 두 번째, 세 번째, 네 번째, 다섯 번째까지 비슷한 피드백이 쌓였다. 그때서야 "그럼 한번 해볼까?"라는 마음이 생겼다. 그래서 다른 사람들은 어떻게 강의를 여는지 시장조사를 했고, 원데이 클래스 형태를 선택했다. 온라인으로, 시간대는 다양하게, 가격은 처음이라 부담 없게 1만 원으로 정했다.

여기서 중요한 포인트가 있다. 이 모든 결정은 갑자기 하늘에서 떨어진 게 아니라, 퇴근 후 틈틈이 쌓아온 콘텐츠와 소통이 있었기 때문에 가능했다는 점이다.

사람들이 왜 "돈 받고 알려달라"고 했겠는가. 내가 하루 아침에 전문가가 되어서가 아니다. 퇴근 후 시간을 써서 꾸준히 콘텐츠를 만들고, 관계를 만들고, 신뢰를 쌓아왔기 때문이다.

모집 피드를 올리던 그날도 마찬가지였다. 퇴근 후, 나는 당장 카페로 갔다. 그리고 〈YES릴스 클래스〉라는 릴스 편집 원데이 클래스 모집 피드를 만들기 시작했다. 그날도 평소처럼 릴스를 편집하고, 모집 피드까지 만들다 보니 시간이 훌쩍 지나 밤 11시 40분이 됐다. 내가 잡아둔 모집 기간 일정에 맞추려면 그날 올려야 했다. 지금 생각하면 하루 미뤄도 됐을 텐데, 그때의 나는 계획표대로 움직이는 사람이었다. 결국 자정이 거의 다 되어서야 모집 피드를 업로드했다.

그리고 예상 못 한 일이 벌어졌다. 폰이 갑자기 미친 듯이 진동하기 시작했다. 처음엔 전화가 온 줄 알았다. 그런데 전화가 아니었다. 계좌 입금 알림이었다.

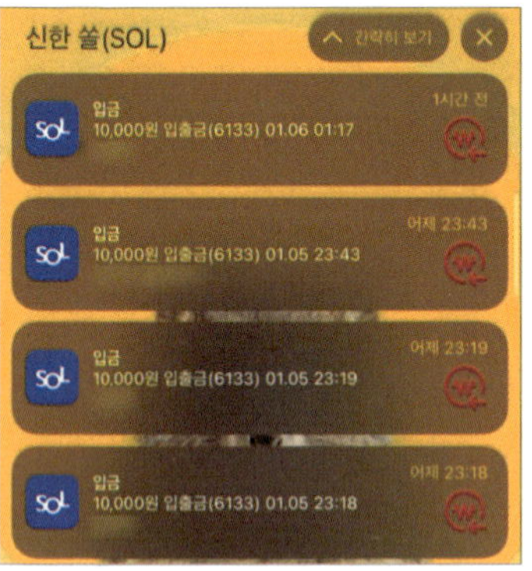

10,000원 입금

10,000원 입금

10,000원 입금

:

입금 알림이 실시간으로 연달아 울리기 시작했다. 릴스가 터질 때의 좋아요 / 팔로우 알림과는 또 다른 종류의 전율이었다. 좋아요 알림은 기분이 좋다. 그런데 입금 알림은 현실을 바꾼다.

결과는 119명 신청.

수익화했다고 블로그에 남겼던 기록 사진

직장만 다니던 내가 처음 연 강의에 120명 가까이 신청해준 것이다. 모집이 끝난 뒤 단톡방을 만들고 119명을 한 명씩 초대하는 것도 일이었고, 주말에는 시간대별로 총 6타임을 진행했다. 힘들었지만 이상하게 너무 재밌었다. 강의가 끝난 뒤 후기와 재요청이 이어졌고, 그 자신감이 다음 강의와 챌린지 운영으로 이어졌다. 이 이야기를 굳이 길게 하는 이유가 있다. 많은 사람이 결과만 보고 착각한다.

"와, 한 번에 터졌네."

아니다. 그건 한 번에 터진 게 아니라, 퇴근 후 1시간씩 쌓아온 시간의 총합이 터진 것이다. 그날 밤 11시 40분의 카페는 우연이 아니었다. 그전까지의 수집, 기획, 업로드, 소통, 성공, 실패가 다 합쳐진 결과였다.

여기서 당신이 가져가야 할 메시지는 단순하다. 작은 매일이 쌓이면, 콘텐츠가 남고, 신뢰가 남고, 결국 수익으로 돌아온다. 반대로 하루 1시간을 '아무 생각 없이 흘러보내는 시간'으로 두면, 1년이 지나도 삶은 그대로다. 아니, 더 뒤로 퇴보할지도 모른다. 결국 퇴근 후 루틴의 본질은 이거다.

퇴근 후 1시간 = 내 미래를 위한 편집 시간

회사는 오늘의 월급을 준다. 하지만 퇴근 후 1시간은 내일의 수익 구조를 만든다. 당장 큰 결과가 안 나와도 괜찮다. 오늘 1시간이 내일의 1만 원이 되고, 그 1만 원이 어느 날 119명의 신청이 되고, 그 경험이 다음 단계의 자신감이 된다.

인생은 어느 날 갑자기 바뀌지 않는다. 퇴근 후 1시간이 쌓여서, 나중에 돌아보니 바뀌어 있는 것이다. 그러니 오늘도 거창하게 시작할 필요 없다.

퇴근 후 딱 1시간!

그 시간만, 당신 인생 편집에 써라. 그 1시간이 당신의 현금흐름을 바꾸고, 결국 당신이 살아가는 방식까지 바꾸게 될 것이다.

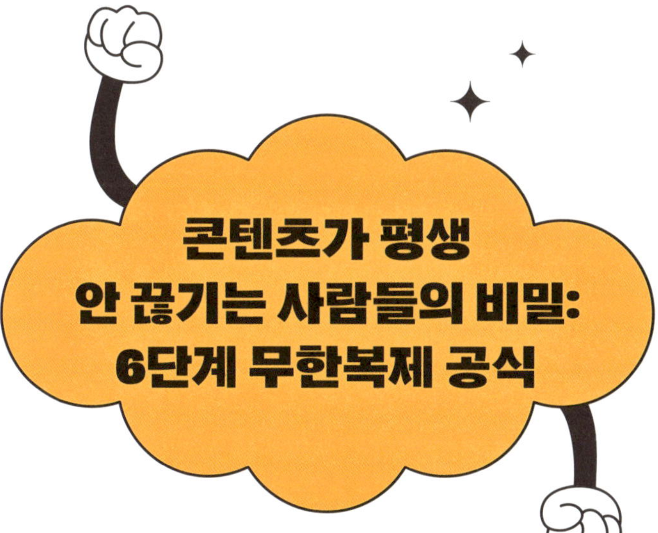

"대체 저 사람은 매일 뭘 올리는 거야?"

인스타를 하다 보면 꼭 그런 계정이 있다. 어제도 올리고, 오늘도 올리고, 내일도 또 올린다. 소재를 억지로 짜낸 느낌도 없다. 톤은 안정적이고, 메시지는 선명하고, 콘텐츠가 끊기지 않는다. 그래서 사람들은 속으로 결론을 내려버린다.

"저 사람은 원래 센스가 있나 보다."

근데 진짜는 다르다. 소재가 끊이지 않는 사람의 비밀은 센스가 아니라 습관이다. 정확히는 '시장조사'라는 습관이다. 나는 오히려 이렇게 말하고 싶다. 내 머리에서만 떠오른 아이디어는, 망할 확률이 높다.

내 머릿속은 '내가 하고 싶은 말' 중심으로 돌아가고, 시장은 '사람들이 보고 싶은 것' 중심으로 반응한다. 그래서 참신하다고 믿고 올린 건 조용하고, "이건 너무 뻔한데?" 싶어서 올린 게 터진다. 시장은 창작자의 자존심이 아니라 소비자의 관심으로 움직인다. 그러니 잘되는 사람들은 영감을 기다리지 않는다. 먼저 시장부터 본다.

어떤 주제가 반복해서 뜨는지. 어떤 첫 문장이 저장을 부르는지. 어떤 구성에서 댓글이 터지는지. 어떤 톤이 내 타깃에게 먹히는지. 이걸 먼저 보고, 그다음에 만든다. 즉, 잘되는 사람은 '창작자'이기 전에 '분석가'다. 사람들이 자주 하는 오해가 하나 더 있다.

"이미 다 있잖아요."
"다 비슷비슷한데 제가 낄 틈이 있나요?"

나는 이 말을 들을 때마다 오히려 반대로 생각한다. 콘텐츠가 시장에 미어터진다는 건 축복이다. 벤치마킹할 정답지가 그만큼 많다는 뜻이니까. 진짜 어려운 건 콘텐츠가 없는 시장이다. 그건 수요가 없을 확률이 높다. 반대로 특정 주제에 콘텐츠가 넘친다는 건 이미 사람들이 보고, 저장하고, 반응한다는 증거다. 그럼 우리는 거기서 배우면 된다.

이건 베끼라는 말이 아니다. 구조는 훔치고, 내용은 내 경험으로 채우는 것이다. 같은 '퇴근 후 루틴' 주제도 영상이 수십 개다. 어떤 건 후킹이 강하고, 어떤 건 전개가 깔끔하고, 어떤 건 댓글 유도 문장이 미쳤다. 이걸 보고 "내 톤으로 바꾸면 어떻게 될까?"를 고민하는 순간, 소재는 무한히 생긴다.

아이디어는 '짜내는 것'이 아니라 '발견하는 것'

여기서 중요한 관점 전환이 하나 있다. 소재는 내 안에서 짜내는 게 아니다. 시장 안에서 발견하고, 내 방식으로 재조합하는 것이다. 나도 초반엔 "독특해야 한다"는 강박이 있었다. 근데 해보니까 오히려 너무 튀면 선택받지 못한다. 사람들은 완전 낯선 것보다, 익숙한 형식 안에서 더 명확하고 더 실용적으로 설명해주는 콘텐츠에 반응한다. 유튜브에서도 결국 비슷한 썸네일, 비슷한 제목을 계속 클릭하듯 인스타도 똑같다.

시장조사는 단순히 아이디어를 찾는 작업이 아니다. 내 콘텐츠가 '어디에 서야 하는지'를 찾는 작업이다. 특히 소재가 자꾸 막히는 사람일수록 더더욱 시장조사를 해야 한다. 머릿속에서만 만들려고 하면 에너지가 너무 많이 든다. 반면 시장에서 이미 검증된 포맷을 보면 훨씬 수월해진다. 그래서 나는 "많이 봐라"가 아니라, 아예 공식처럼 돌리라고 말한다. 나는 이걸 〈6단계 무한복제 공식〉이라고 부른다.

6단계 무한복제 공식

시장조사 → 패턴추출 → 내 걸로 바꾸기 → 재조합 → 저장 → 발행

이 공식을 이해하면 소재는 '운'이 아니라 '시스템'이 된다.

6단계 무한복제 공식 : '감'이 아니라 '공식'으로 만드는 콘텐츠

1. 시장조사 : 내 머리 말고, 사람들 반응부터 봐라

처음부터 "뭘 올리지?"라고 묻지 말고, "지금 뭐가 핫하지?"를 먼저 본다. 내 분야에서 반복해서 뜨는 콘텐츠를 찾는다. 중요

한 건 단순히 '좋아 보인다'가 아니다. 반응이 나온 이유를 찾는 눈이다.

- 같은 주제가 계속 보이는가? (수요가 있다는 뜻)
- 첫 문장이 강한가? (멈춤이 나온다는 뜻)
- 저장/공유가 많은가? (쓸모가 있다는 뜻)
- 댓글이 질문으로 꽉 찼는가? (연결이 된다는 뜻)

시장조사는 아이디어 찾기가 아니라 성공 확률 높은 재료 수집이다.

2. 패턴추출 : 조회수는 '우연'이 아니라 '구조'에 있다

여기서 대부분이 멈춘다. 저장만 하고 끝낸다. 하지만 잘되는 사람은 저장하고 분해한다. 통째로 보지 않고 초 단위로 뜯는다.

- 첫 1초가 뭐였는지
- 자막이 어떻게 시작했는지
- 마지막에 어떤 행동을 시켰는지

이 과정을 한 번만 해도, 다음부터 릴스가 '영상'이 아니라 '구조'가 보인다.

3. 내 걸로 바꾸기 : 구조는 참고하고, 말은 내 걸로 바꿔라

벤치마킹과 복붙의 차이는 여기서 갈린다. 구조는 참고하되, 내용은 반드시 '내 경험 + 내 목표고객의 언어'로 바꿔야 한다. 그래야 신뢰가 생긴다. 예를 들어 "아침 루틴" 영상이 뜨고 있다면, 내 계정에서는 "퇴근 후 1시간 루틴"으로 바꿀 수 있다. 또는 "한 달 만에 5kg 감량 비법"이 뜨고 있다면, 내 계정에서는 "직장인 기준으로 5kg 뺀 현실 루틴"으로 바꿀 수 있다.

구조는 같다. 하지만 대상, 상황, 언어가 달라진다. 뼈대는 가져오되, 살은 내 경험으로 채운다. 그 순간 콘텐츠는 '비슷한 영상'이 아니라, 내 계정에 맞는 콘텐츠가 된다.

4. 재조합 : 검증된 요소를 섞어 '새 콘텐츠'로 만든다

핵심은 100% 새로 만드는 게 아니다. 이미 검증된 요소들을 조합해 성공 확률 높은 새 콘텐츠를 만드는 거다.

- A 영상의 후킹
- B 영상의 전개
- C 영상의 행동유도
- 여기에 내 경험 얹기

이게 진짜 실전형 창작이다. 창작은 '영감'이 아니라 '조립'이다.

5. 저장 : 떠오를 때 쓰는 게 아니라, 쌓아뒀다가 꺼내 쓰는 거다

소재가 끊기는 사람은 필요할 때만 찾는다. 반대로 끊이지 않는 사람은 다르다. 평소에 콘텐츠 창고를 채워둔다. 아이디어는 떠오를 때 쓰는 게 아니라, 모아두고 꺼내 쓰는 것이다.

- 후킹 문장
- 주제별 레퍼런스
- 내 경험 메모

이게 쌓이면 '오늘 뭐 올리지?'라는 고민이 사라진다. 이미 창고 안에 재료가 들어 있기 때문이다. 소재는 영감이 아니다. 콘텐츠 창고에 얼마나 쌓여 있느냐의 문제다. 창고가 비어 있으면 멈춘다. 창고가 채워져 있으면, 매일 꺼내 쓸 수 있다.

6. 발행 : '완성'이 아니라 '업로드'를 목표로 둬라

마지막에서 다시 막히는 이유는 하나다.

"조금만 더 다듬고…"

하다가 못 올린다. 근데 소재 시스템의 목적은 '좋은 아이디어 수집'이 아니다. 업로드 무한반복이다. 발행해야 데이터가 쌓이고, 데이터가 쌓여야 다음 시장조사가 더 정교해진다. 이 공식은 한 번으로 끝나는 게 아니라 순환 구조다.

시장조사 → 패턴추출 → 내식해석 → 재조합 → 저장 → 발행 → 다시 시장조사…(반복)

이 루프가 돌아가기 시작하면 소재는 절대 끊이지 않는다.

그리고 여기서 중요한 포인트 하나 더. 시장조사는 한 번 몰아서 하는 게 아니라, 매일 10분씩 하는 습관이어야 한다.

릴스를 '소비'하던 사람이 '수익'을 만드는 순간

여기서 포인트 하나 더. 시장조사는 한 번 몰아서 하는 게 아니라, 매일 10분씩 하는 습관이어야 한다. 그래서 내가 퇴근 후 루틴의 첫 단계를 '10분 수집'으로 두는 거다. 그 10분 동안 그냥 소비하지 말고, 이런 질문을 던져보면 된다.

"왜 댓글이 많이 달렸지?"
"이걸 내 분야로 바꾸면 뭐가 되지?"

이 질문을 던지기 시작하면, 릴스를 보는 시간 자체가 '돈버는 공부시간'으로 변한다. 쉬면서도 재료가 쌓이고, 놀면서도 소재가 모인다. 결국 평생 소재가 끊이지 않는 사람들의 비밀은 대단한 창의성이 아니다.

그저 이 6단계를 습관처럼 돌리는 것

이게 전부다. 그래서 이제 "아이디어가 안 떠올라요" 대신, 질문을 이렇게 바꿔보자.

"나는 오늘 시장을 얼마나 봤지?"
"나는 오늘 이 공식 중 몇 단계까지 돌렸지?"

내 머릿속에서 짜낸 아이디어보다, 이미 시장에서 검증된 구조를 내 방식으로 바꾼 콘텐츠가 훨씬 강하다. 콘텐츠가 많다는 건 위기가 아니다. 당신이 훔쳐 올 정답지가 많다는 뜻이다. 소재는 타고나는 게 아니다. 공식으로 돌리는 사람이 계속 갖게 되는 것이다.

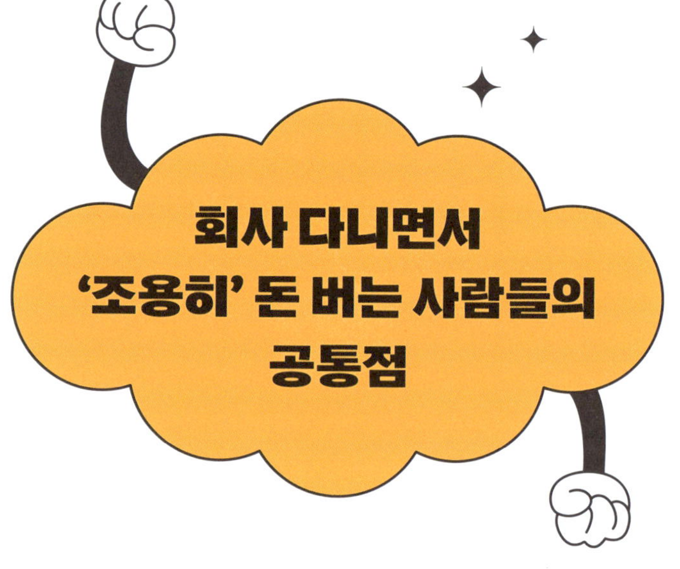

본업 외 수익을 못 만드는 건 실력 문제가 아니다. 시작 전엔 겁을 먹고, 시작 후엔 조급해져 스스로 흐름을 끊기 때문이다.

"괜히 이상하게 보이면 어떡하지?"
"회사 다니면서 이런 거 해도 되나?"
"회사 사람들한테 들키면 어쩌지?"

이 생각, 한 번이라도 해봤다면 당신은 정상이다. 오히려 현실을 알고 있다는 증거다. 문제는 겁이 아니라, 그다음 행동이다. 겁이 날때 멈추거나, 들떠서 흔들리는 방식으로 운영하는 게 문제다. 단순히 실력 싸움이 아니다. 얼마나 조용히, 오래, 흔들리지 않고 가느냐의 싸움이다. 많은 사람들이 회사와 사이드잡을 '둘 중 하나를 선택해야 하는 관계'로 본다. 그래서 빨리 키우려 하고, 빨리 벌려고 하고, 빨리 벗어나려고 한다. 그 조급함이 오히려 독이 된다.

반대로 관점을 이렇게 바꾸면 게임이 달라진다. 회사는 오늘의 월급을 준다. 내 계정은 내일의 수익 구조를 만든다. 그때부터 회사는 족쇄가 아니라 든든한 현금망이 된다. 내 생활을 버텨주고, 내가 실험할 시간을 벌어주는 안전장치가 된다. 그래도 기준 없이 운영하면 금방 흔들린다. 회사 일도 흐트러지고, 계정도 들쑥날쑥해지고, 결국 둘 다 지친다. 그래서 '의욕'이 아니라 '운영 기준'이 필요하다.

내가 실제로 써먹었던 기준은 거창하지 않다. "조용히 오래 가기"를 가능하게 하는 '5가지 원칙'이다. 이것만 잡아두면 회사와 계정이 충돌하지 않고, 멘탈도 덜 흔들리고, 수익은 훨씬 안정적으로 쌓이기 시작한다.

1. 회사는 내 실험을 가능하게 해주는 안전망이다

이 관점을 가지면 행동이 훨씬 안정적이 된다. 조회수가 안 나와도 덜 불안하고, 첫 수익이 작아도 덜 초조하다. 당장 생존이 걸린 게임이 아니기 때문이다. 직장인의 진짜 강점은 월급이다. 월급이 들어오니까 급발진을 덜 한다. 성급한 선택을 덜 하고, 그게 장기적으로는 더 크게 번다.

많은 사람들이 "시간이 없어서 회사 다니면 불리하다"고 생각하지만, 실제로는 반대로 작동하는 경우도 많다. 시간이 부족한 사람은 자연스럽게 효율을 찾게 된다. 무작정 오래 앉아 있는 게 아니라, 짧은 시간에 결과를 만드는 루틴을 만들게 된다. 내가 계속 강조하는 퇴근 후 1시간 루틴같은 것도 다 직장인이라는 조건 때문에 나온 방식이다. 시간이 무한했으면 오히려 이런 구조를 안 만들었을 수도 있다.

2. '열심히'보다 '티 안 나게 오래'가 이긴다

가장 중요한 건 속도가 아니다. 지속성이다. 이 지속성을 박살내는 가장 빠른 방법이 감정적으로 움직이는 것이다.

- 업무시간에 댓글 답장하다가 회사 일 흐름 꼬이기

- 곧 퇴사할 것처럼 들뜬 말 흘리기

- 반응 없다고 며칠 만에 포기하기

이건 다 감정 기반 운영이다. 짜릿할 수는 있지만 오래 못 간다. 우리가 하는 건 단판 승부가 아니다. 조용히 반복하는 게임이다. 처음부터 조급해하지 마라. 성과를 증명하려고 서두르지 마라.

"잘하려고 하지 말고, 오래 하려고 해라."

오래 가는 사람만 결국 보인다. 그리고 그때 결과는 따라온다.

3. 조용히 돈 버는 사람은 '섞지 않는다'

회사 다니면서 사이드잡을 오래 하는 사람은 '의지가 센' 사람이 아니다. '섞지 않는' 사람이다. 회사와 계정을 섞고, 감정과 콘텐츠를 섞고, 인간관계와 운영을 섞는 순간 흐름이 무너진다.

반대로 오래 가는 사람들은 삶을 잘게 나눠서 운영한다. 나는 이걸 '3분리 운영 원칙'이라고 부른다.

직장인 N잡러가 멘탈 안 깨지고, 회사 안 흔들리고, 계정까지 키우려면 결국 이 3가지는 반드시 필요하다.

1. 시간 분리

근무시간에는 회사. 계정 운영은 퇴근 후 정해진 시간. 이 원칙이 있어야 죄책감이 줄고, 마음이 덜 흔들린다.

월급 밖 수익이 어려운 이유는 시간이 없어서가 아니라 경계가 무너져서다. 일할 때는 계정이 신경 쓰이고, 계정 만들 때는 회사 메시지가 떠오르면 결국 둘 다 망가진다. 중요한 건 시간을 늘리는 게 아니라, 시간의 용도를 고정하는 것이다.

2. 감정 분리

회사에서 힘든 일이 있었다고 그 감정 그대로 콘텐츠로 올리지 마라. 특히 회사 사람, 회사 문화, 내부 이야기는 당장은 공감이 나올 수 있어도 리스크가 크다.

감정은 먼저 메모해라. 시간이 지난 뒤, 누구에게나 적용되는 메시지로 정리해서 써라. 감정을 그대로 올리면 배출이고, 정리해서 올리면 콘텐츠다. 이 차이가 오래 가는 계정을 만든다.

3. 관계 분리

모든 사람에게 내 계정을 설명할 필요는 없다. 인정받으려고 애쓸 필요도 없다. 초반에는 응원보다 구경이 많고, 조언보다 평가가 많다. 괜히 설명하다 보면 내가 흔들린다. 설명에 쓰는 에너지는 운영에 써라. 말로 증명하려 하지 말고, 기록으로 쌓아라. 사람들은 당신의 가능성보다 지금의 결과를 기준으로 판단한다.

“요즘 다 하는 거 아니야?”
“얼마나 번다고?”

이 질문은 악의가 없어도, 당신의 확신을 조금씩 깎는다. 괜히 설명하다 보면 어느 순간 스스로를 방어하고 있고, 괜히 과장하거나, 괜히 위축된다. 그래서 관계는 분리해야 한다. 아직 증명되지 않은 계획을 먼저 꺼내지 마라. 결과가 쌓이면 설명은 필요 없어진다. 조용히 가는 사람은 입보다 데이터가 먼저 나온다.

4. 직장인의 강점은 체력보다 ‘현실감’이다

오히려 직장인은 콘텐츠에 유리하다. 매일 현실을 겪기 때문이다. 업무, 인간관계, 피로, 무기력, 시간 부족, 책임감, 반복되는 하루. 이건 전부 콘텐츠 소재가 된다. 특히 직장인 / 초보 / N잡러를 위한 계정이라면 더 그렇다. 당신의 현실 자체가 이미 시장에서 공감받는 데이터다.

회사는 내 콘텐츠를 방해하는 곳이 아니라, 오히려 타깃을 이해하게 해주는 현장이 될 수 있다. 내가 왜 퇴근 후 지치는지 아니까, 같은 사람의 마음을 건드릴 수 있다. 내가 왜 작심삼일이 되는지 아니까, 같은 사람에게 현실적인 루틴을 제시할 수 있다. 내가 왜 들킬까 봐 걱정되는지 아니까, 같은 사람에게 조용히 오래 가는 전략을 말해줄 수 있다. 이게 바로 '해본 사람의 콘텐츠'가 강한 이유다. 이론이 아니라 현실에서 나온 문장은 힘이 있다.

5. 목표는 퇴사가 아니라 선택권이다

초반에 가장 위험한 마음은 이것이다.

"빨리 성과 내서 벗어나야지."

물론 동기부여는 될 수 있다. 하지만 오래 가는 사람은 여기서 한 단계 더 간다.

"지금은 회사를 다니면서, 나중에 선택권을 가질 구조를 만들자."

이 마음으로 가면 계정 운영 방식이 달라진다. 조회수 하나에

멘탈이 덜 흔들리고, 작은 수익도 의미 있게 쌓고, 관계와 신뢰를 먼저 만든다. 이 축적이 어느 순간 선택지를 만든다. 계속 병행할지, 확장할지, 사업화할지.

진짜 목표는 당장 퇴사가 아니다. 내가 원할 때 선택할 수 있는 힘을 만드는 것이다. 그러니 지금 회사에 다닌다고 불리하다고 생각할 필요가 전혀 없다. 오히려 당신은 가장 좋은 출발선에 서 있을 수 있다. 월급이라는 안전망이 있고, 현실을 아는 감각이 있고, 퇴근 후 1시간을 자산으로 바꿀 수 있는 기회가 있다.

남몰래 조용히 돈 버는 전략은 특별한 기술이 아니다. 회사를 그만두기 전에, 내 시스템부터 만드는 것이다. 이렇게만 가도, 당신은 회사 다니는 평범한 사람에서 끝나지 않는다. 회사를 다니면서도 조용히, 단단하게, 자기 돈의 흐름을 만드는 사람이 될 수 있다.

악플보다 먼저 오는 건 '무관심'이다

처음 콘텐츠를 올리는 사람들은 보통 악플부터 걱정한다.

"이상한 댓글 달리면 어떡하지?"
"욕먹으면 멘탈 나갈 것 같은데…"

그런데 실제로 사람을 먼저 무너뜨리는 건 악플이 아니다. 아무도 반응하지 않는 무관심이다. 열심히 만든 릴스를 올렸는데 조회수는 기대보다 낮고, 댓글은 없고, DM도 없다. 그 순간 사람은 숫자보다 먼저 자기 자신을 의심한다.

"내가 감이 없는 건가?"
"난 이 길이 아닌가?"

나도 안다. 무관심은 조용해서 더 무섭다. 악플은 눈에 보이니 대비라도 되는데, 무관심은 말 없이 사람 마음을 깎아먹는다. 그래서 먼저 말해두고 싶다. 흔들리는 건 정상이다. 멘탈이 약해서가 아니라, 사람이라서 그렇다.

조회수는 '평가'가 아니라 '신호'다

반응이 없으면 신경 쓰이는 게 당연하다. 내가 시간과 에너지를 썼기 때문이다. 특히 직장 다니면서 퇴근 후 겨우 시간을 쪼개 만든 콘텐츠라면 더 그렇다. 남들은 스쳐 보는 15초 영상일지 몰라도, 나에게는 그날의 체력과 집중력과 용기가 들어간 결과물이다. 그래서 반응이 없을 때 허탈한 건 자연스럽다. 문제는 여기서 자책으로 끝내는 것이다.

조회수와 댓글은 내 가치 평가표가 아니다. 그건 그냥 신호다.

"이번 콘텐츠가 어디에서 미끄러졌는지" 알려주는 신호. 그래서 조회수가 낮게 나왔을 때는 이렇게 바꿔야 한다.

"역시 난 안 되나 보다." **(X)**

"사람들이 어디서 멈췄지?" **(O)**

(ex. 첫 문장이 약했나?, 주제가 너무 넓었나?, 이해하기 너무 어려웠나?)

질문이 바뀌면 자책이 아니라 개선으로 넘어간다. 멘탈 관리는 마음을 단단하게 만드는 기술이라기보다, 생각의 방향을 돌리는 기술에 가깝다.

이것도 꼭 기억하자. 사람들은 생각보다 당신 콘텐츠를 하나하나 다 기억하지 않는다. 좋은 말이다. 왜냐하면, 한 편 망했다고 인생이 망하는 게 아니라는 뜻이기 때문이다. 한 번 아쉬우면 다음 편에서 고치면 된다. 한 편이 아니라 흐름으로 보면 업로드가 훨씬 가벼워진다.

악플에 흔들리지 않는 사람은 '기준'이 있는 사람이다

악플이 달리면 신경 쓰이는 게 정상이다. 기분 나쁘다. 괜히 하루 종일 생각난다. 문제는 악플 그 자체가 아니라, 그걸 운영 방식으로 받아들이는 순간이다. 악플에서 가장 위험한 반응은 2가지다.

1. 감정적으로 받아치기
2. 댓글 하나 때문에 업로드를 멈추기

둘 다 손해다. 그래서 필요한 건 강한 멘탈이 아니라 내 기준이다.

- 그냥 비꼬는 댓글: 무시하기
- 계정 분위기 망치는 댓글: 숨김 / 차단하기
- 내용적으로 도움이 되는 지적: 감정은 버리고, 내용만 적용하기

이 기준만 있어도 악플이 하루 전체를 흔드는 일이 줄어든다. 중요한 건 댓글 하나하나에 '인정받기 게임'을 하지 않는 거다. 우리는 지금 친구를 사귀는 게 아니라, 계정을 운영하는 중이다. 운영자는 감정이 없어서 강한 게 아니라, 감정이 흔들려도 기준으로 행동하는 사람이다.

오래 가는 사람은 멘탈이 강한 사람이 아니다

결론은 이거다. 멘탈이 강한 사람이 오래 가는 게 아니다. 멘탈이 덜 닳게 운영하는 사람이 오래 간다. 악플은 생긴다. 무관심 구간도 온다. 조회수가 늘 좋은 날만 계속되지는 않는다. 그때 갈리는 건 재능이 아니라 해석이다. 반응을 "평가"로 받는 사람은 무너지고, 반응을 "데이터"로 받는 사람은 다음 편을 만든다.

그래서 끝까지 남는 사람은 딱 이렇다. 한 번의 반응으로 자기 가치를 판정하지 않고, 감정보다 기준으로 계정을 운영하고, 흔들려도 업로드 흐름을 끊지 않는 사람. 수익화는 결국 '끝까지 남는 사람'이 가져간다. 오늘 반응이 아쉬웠다면 이렇게 끝내면 된다.

"이번 콘텐츠에서 또 배울 게 생겼네!"

이 한 문장으로 버티는 사람이, 나중에는 다른 사람에게 버티는 법을 알려주는 사람이 된다.

버리는 1시간,
벌리는 1시간으로 바꾸는 법

돈은 '새로 생기는 것'이 아니라, 내가 흘려보낸 시간에서 먼저 나온다. 대부분은 돈을 더 벌고 싶다고 말하면서도, 정작 돈이 될 수 있는 시간을 "애매한 시간"이라며 버린다. 출퇴근길 20분, 점심시간 15분, 자기 전 30분, 약속 전 붕 뜬 10분.

짧다는 이유로 그냥 스크롤에 태우고, 하루가 끝나면 "오늘도 시간이 없었다"로 결론 낸다. 그런데 승부는 딱 여기서 갈린다. 긴 시간을 가진 사람이 아니라, 짧은 시간을 '자산'으로 바꾸는 사람이 결국 앞서간다.

✦ 돈이 안 늘어나는 이유는 '시간이 없어서'가 아니다

나도 처음부터 하루에 4~5시간씩 콘텐츠를 만든 사람이 아니다. 직장 다닐 때는 그런 시간 자체가 거의 없었다. 퇴근하면 피곤했고,

머리는 무거웠고, "오늘은 좀 쉬자"라는 생각이 항상 이겼다. 문제는 그 하루가 한 번으로 끝나지 않는다는 거다. 그렇게 하루를 넘기고, 또 넘기면 바뀌는 건 아무것도 없다. 월급은 그대로고, 내 삶의 선택지도 그대로다. 그때 알았다. 내가 부족한 건 '많은 시간'이 아니라, '사소한 시간'을 쓰는 기준이었다는 걸.

돈이 잘 안 모이는 사람의 공통점은 시간을 늘 '통'으로 본다는 것이다.

"오늘은 시간이 없어서 못 했어요."
"주말에 몰아서 해야죠."

이 사고방식의 함정은 단순하다. 그 '덩어리 시간'이 안 생기는 날은, 그날을 통째로 포기하게 만든다. 반대로 수익을 만드는 사람은 시간을 덩어리로 기다리지 않는다. 자투리 시간을 '끼워 넣는 자리'로 본다. 이 사람들은 시간을 "있다 / 없다"로 보지 않고 "지금 이 시간에 뭘 넣을 수 있지?"로 본다. 이 시선 하나가 생기는 순간, 자투리 시간은 그냥 시간이 아니라 '쌓이는 시간'이 된다.

✦ 하루 10분이 1년 뒤 통장을 바꾼다

하루 10분도 가볍게 보면 안 된다. 하루에 10분씩만 쌓여도 일주일이면 70분이고, 한 달이면 거의 5시간이다. 대부분은 그 5시간을 아무 흔적 없이 흘려보낸다. 반면 누군가는 그 5시간으로 콘텐츠 몇 개를 완성하고, 계정에 결과를 남긴다. 결국 차이는 능력이 아니라, 시간을 바라보는 눈에서 시작된다.

여기서 꿀팁 하나. "하루 1시간을 만들겠다"는 결심부터 하지 말고, "어차피 쓰는 1시간을 바꾸겠다"로 시작해라. 어차피 우리는 매일 시간을 쓴다. 문제는 그 시간이 내 통장으로 이어지느냐, 그냥 증발하느냐의 차이이다. 그래서 거창한 계획부터 세울 필요 없다.

내 하루에서 반복적으로 새는 시간 한 구간만 잡아라. 출퇴근길이면 출퇴근길, 자기 전이면 자기 전. 그 시간에는 고민하지 말고 한 가지만 한다. 레퍼런스 저장 몇 개, 후킹 문장 한 줄 메모. 이 정도로 충분하다. 작아 보여도, 이 작은 고정이 쌓이면 어느 순간 "나는 매일 뭔가를 남기는 사람"이 된다. 이 정체성이 생기는 순간부터 속도가 달라진다.

시간이 없어서 못 버는 게 아니다. 돈이 될 시간을 아무 의미 없이 흘려보내서 못 버는 경우가 더 많다. 당신에게도 하루 1시간은 매일 존재한다. 그 시간을 그냥 보내지 말고, 방향만 틀어라. 그 순간부터 돈은 "언젠가 들어오는 것"이 아니라 "내가 만들어내는 것"이 된다.

에필로그

당신은 이미
시작할 준비가 되어 있다

이 책을 여기까지 읽었다는 건, 이미 당신 안에 "지금은 뭔가 바꿔야 한다."는 감각이 생겼다는 뜻이다. 솔직히 말해, 대부분은 여기까지 오지 못한다. 필요한 건 알고 있지만, 끝까지 읽지 않는다. 끝까지 읽는 사람은 다르다. 당신은 이미 정보를 얻는 단계가 아니라, 방향을 잡는 단계까지 왔다.

그리고 여기서 한 가지를 분명히 말하고 싶다. 당신이 아직 시작하지 못한 이유는 능력이 부족해서가 아니다. 대부분은 '시작한 사람처럼 보이는 게' 무서워서 못 한다.

사람들은 처음부터 잘하고 싶어 한다. 처음부터 멋있고, 처음부터 똑똑하고, 처음부터 "이 사람은 원래 이런 사람이었구나."처럼 보이고 싶어 한다. 그래서 시작이 늦어진다. 그런데 인생은 반대로 움직인다. 처음부터 잘하는 사람이 아니라, 계속하는 사람이 잘하게 된다. 시작은 늘 어설프다. 하지만 그 어설픔을 견디는 사람이 결국 자기 흐름을 만든다.

당신이 해야 할 건 대단한 도전이 아니다. 대단한 도전처럼 느껴지는 작은 행동 하나다. 그리고 그 작은 행동은 생각보다 삶을 크게 바꾼다.

지금 찍는 6초가 당신의 60년을 바꾼다

사람들은 인생이 '큰 결심'으로 바뀐다고 믿는다. 퇴사, 이직, 창업, 투자 같은 것들. 물론 그런 선택도 크다. 그런데 그런 선택이 가능해지는 건, 그 이전에 이미 작은 선택들이 쌓였기 때문이다. 큰 선택은 갑자기 오지 않는다. 작은 선택이 누적된 사람만 큰 선택을 할 수 있다.

그래서 나는 거창한 목표 대신 "6초"를 말한다. 릴스 6초. 짧다. 너무 짧아서 "이게 뭐가 되겠어?" 싶다. 그런데 인생을 바꾸는 건 늘 이 정도 크기다. 6초는 부담이 없고, 핑계를 만들 틈도 없다. 그래서 오히려 강하다.

대부분은 소비자로 산다. 기억도 남지 않는 영상에 시간을 쓰고, 정보에 반응하고, 남의 성과를 구경한다. 그게 잘못이라는 말이 아니다. 문제는 계속 소비만 하면 정작 내게 남는 게 없다는 것이다. 시간은 쓰였는데, 자산은 생기지 않는다.

하지만 6초짜리라도 릴스를 만들기 시작한 사람은 다르게 산다. "내가 뭘 말할 건지"를 정리하고, "누구에게 말할 건지"를 생각하고, "한 문장으로 어떻게 꽂을지"를 고른다. 이 과정은 단순히 영상을 만드는 게 아니다. 자기 삶을 편집하는 능력을 기르는 일이다.

흐릿했던 생각이 선명해지고, 흩어졌던 경험이 메시지가 되고, 그 메시지가 반복되면서 한 사람이 '브랜드'가 된다. 이 지점에서 돈이 붙기 시작한다. 왜냐하면 돈은 늘 같은 곳으로 흐르기 때문이다. 돈은 재능 많은 사람에게 가는 게 아니다. 돈은 신뢰가 쌓인 사람에게 간다.

신뢰는 하루아침에 생기지 않는다. 신뢰는 "나를 드러낸 시간"이 만든다. 보여준 시간, 설명한 시간, 말한 시간, 버틴 시간. 그 시간이 눈에 보이지 않게 층을 만든다. 6초씩 쌓인 기록은 결국 이렇게 변한다. 처음엔 "그냥 올려보는 사람"이었다가, 어느 순간 "꾸준히 하는 사람"이 되고, 나중엔 "이 분야를 아는 사람"이 된다. 사람들은 이 지점에서 갑자기 DM을 보낸다.

"이거 어떻게 한 거예요?"
"저도 해보고 싶은데 어디서부터 시작하죠?"
"혹시 도움 받을 수 있을까요?"

이 질문은 단순한 질문이 아니다. 시장이 당신을 인정했다는 신호다. 사람들은 결과를 만든 사람에게 기회를 준다. 그런데 그 결과는 언제 만들어질까? 처음부터 '결과형 인간'이라서가 아니다. 계속 남겨온 '기록형 인간'이었기 때문이다. 여기서 중요한 건 하나다. 기록은 단순히 남기는 행위가 아니다. 기록은 시간을 자산으로 전환하는 장치다.

흘려보낸 시간은 사라지지만, 남긴 시간은 쌓인다. 쌓인 시간은 결국 신뢰가 되고, 신뢰는 기회가 되고, 기회는 수익이 된다. 이건 감성적인 말이 아니다. 구조다.

6초는 짧다. 하지만 그 6초를 매일 남기는 사람은 어느 순간 이렇게 바뀐다. "시간을 쓰는 사람"이 아니라 "시간을 쌓는 사람"으로. 그때부터 돈은 우연이 아니라 당신이 쌓아 올린 시간의 이자처럼 돌아오기 시작한다.

시작 버튼을 누르는 용기만 있다면

많은 사람이 "더 준비되면 시작하겠다."고 말한다. 장비를 사고, 편집을 배우고, 계정을 예쁘게 꾸민 다음에 시작하겠다고 한다. 그런데 냉정하게 말하면 그건 준비가 아니다. 회피다.

준비가 끝나면 시작할 수 있을 것 같지만, 현실은 반대다. 시작해야 준비가 된다. 올려봐야 무엇이 먹히는지 알게 된다. 틀려봐야 고쳐진다. 반응이 와야 방향이 잡힌다.

처음 영상은 어설플 거다. 자막도 어색할 거다. 말도 매끄럽지 않을 거다. 그래도 된다. 왜냐하면 처음의 목적은 "잘 만드는 것"이 아니라 "내가 시작한 사람이 되는 것"이기 때문이다. 사람은 정체성이 바뀌면 행동이 바뀐다. 행동이 바뀌면 결과가 바뀐다.

여기서 가장 중요한 질문은 이거다. "무엇을 찍을까요?"가 아니다. "언제 찍을까요?"다. 정답은 항상 같다.

지금!

휴대폰을 들어라. 카메라를 켜라. 6초만 찍어라. 조회수 7이 나와도 괜찮다. 댓글이 0이어도 괜찮다. 사람들은 조회수를 점수로 보면서 멘탈이 무너진다. 하지만 조회수는 점수가 아니다. 내가 테스트한 결과값이다.

"이 주제는 좁혀야겠네."
"이 후킹은 결과부터 던져야겠네."

이렇게 질문이 바뀌는 순간, 당신은 흔들리는 사람이 아니라 점점 강해지는 사람이 된다. 이 차이가 결국 돈을 만든다. 돈은 잘하는 사람에게 가는 게 아니라 계속 시도하는 사람에게 간다.

마지막으로, 이거 하나만 기억하자. 돈은 기다리는 게 아니다. 내가 쌓은 시간이 돌아오는 결과다. 모든 사람에게 공평하게 하루 24시간이 주어진다. 문제는 그 하루가 "증발하느냐" "축적되느냐"다. 남이 만든 릴스만 소비하면 증발하고, 내 콘텐츠를 만들면 쌓인다. 어느 순간 깨닫는다.

"월급이 전부가 아니었네."

이 책을 덮는 순간이 당신의 인생 방향이 바뀌는 순간이 되길 바란다. 지금, 찍어라.

오늘의 6초는 아무 의미 없어 보일 수 있다. 짧고, 작고, 티도 안 난다. 하지만 그 6초를 매일 남기는 사람은 어느 순간 시간을 흘려보내는 사람이 아니라 시간을 돈으로 바꾸는 사람이 된다. 그 작은 차이가 6개월 뒤를 가르고, 그 반복이 6년 뒤를 완전히 갈라놓는다.

인생은 거창한 결심 한 번으로 바뀌지 않는다. 조용한 행동 하나가 쌓이면서 방향이 틀어진다. 당신은 이미 알고 있다. 이제는 바꿔야 할 때라는 걸.

당신 인생은 이미 시작할 준비가 되어 있다.

- 긍정필터

쟤는 폰만 보는데 왜 돈이 많을까

ⓒ 긍정필터

초판 1쇄 인쇄 2026년 3월 20일

지은이 긍정필터
기　획 조영훈
편　집 조영훈
디자인 김지혜
마케팅 정호윤, 김민지, 송유경, 김은주, 최서환
펴낸곳 모티브
이메일 motive@billionairecorp.com

ISBN 979-11-24370-19-3(03320)